Waldemar Erdmann
Philipp Silbernagel

Zoll Einstellungstest

Eignungstest erfolgreich bestehen
1.000 Aufgaben mit Lösungen

Erfahrungsberichte, Fachwissen, Allgemeinwissen, Logik,
Konzentration, Sprache | Mittlerer und gehobener Dienst

Herausgeber:
Plakos GmbH
Vertretungsberechtigte Geschäftsführer:
Waldemar Erdmann, Philipp Silbernagel
Sitz: D-23858 Barnitz, Westerauer Straße 12
Redaktion: Sonja Waldschuk

Website und Kontakt:
www.plakos-akademie.de
E-Mail: support@plakos.de
WhatsApp: +49 (0)172 622 63 96

Facebook: plakosDE
YouTube: Plakos
Instagram: plakos_akademie
Twitter: plakosDE

Bildnachweis Cover:
© Alterfalter, # 24510524, stock.adobe.com

Sonstige Abbildungen im Buch wurden von Plakos erstellt.

ISBN: **978-3-948144-20-3**

Zoll-Einstellungstest erfolgreich bestehen?

Die Plakos GmbH hat bereits tausende Bewerber mit Büchern, Online-Kursen, Apps und Seminaren auf Einstellungstests und Assessment Center vorbereitet. Die angesehenen Online-Tests von Plakos wurden millionenfach absolviert. Dieses Buch dient zur Vorbereitung auf den Einstellungstest beim Zoll.

Dein Feedback ist uns wichtig!

Sollten dir Fehler in diesem Buch auffallen oder solltest du unzufrieden mit den Inhalten oder einem unserer Produkte sein, so schreibe uns gerne eine E-Mail an phil@plakos.de oder kontaktiere uns über WhatsApp unter +49 (0)172 622 63 96. Wir antworten schnellstmöglich!

1. Auflage
Waldemar Erdmann
Philipp Silbernagel

Danksagung

Unser Dank gilt vor allem den Bewerberinnen und Bewerbern, die mit ihren zahlreichen Zuschriften, Erfahrungsberichten und Verbesserungsvorschlägen dieses Buch erst möglich gemacht haben. Vielen Dank für eure Kommentare und Nachrichten auf YouTube und Facebook und anderen Kanälen!

Außerdem bedanken wir uns bei allen internen und externen Mitarbeitern und Mitarbeiterinnen, welche einen wesentlichen Anteil an dem Buch hatten, dazu gehören insbesondere Sarah Hoss, Oliver Silbernagel, Dorena Nellen, Ha Linh Truong, Tom Wenk, Johanna Dittl, Julia Maus, Katharina Titz, Jana Buchtojarow, Sonja Waldschuk und Paul Dix.

Inhaltsverzeichnis

Über die Autoren	**8**
Vorbereitung auf den Zoll-Einstellungstest	**9**
Das Auswahlverfahren und der Einstellungstest	9
Der typische Ablauf eines Einstellungstests	9
Optimale Vorbereitung auf den Einstellungstest	10
Zoll	11
Einstellungsvoraussetzungen	11
Das Auswahlverfahren beim Zoll	12
Die Ausbildung im mittleren Dienst	13
Die Ausbildung im gehobenen Dienst	14
Nach der Ausbildung	15
Erfahrungsberichte	16
Vorbereitung mit Online-Inhalten	25
Fachwissen	**26**
Allgemeinwissen	**32**
Recht	33
Politik und Gesellschaft	37
Wirtschaft	42
Geografie	46
Interkulturelles Wissen	50
Kunst, Literatur und Musik	54
Technik	58
IT und Elektrotechnik	62
Deutschlandkarte	67
Geschichte	71
Physik	75

Inhaltsverzeichnis

Chemie und Biologie   80

Logik   **82**

Zahlenreihen   82

Figuren und Matrizen   87

Grundrechenaufgaben   103

Rechenoperationen einsetzen   105

Kopfrechnen   107

Ergebnisse schätzen   109

Maße und Einheiten   114

Symbolrechnen   116

Klammerrechnung   118

Gleichungen lösen   120

Prozentrechnung   122

Zinsrechnung   129

Dreisatz   132

Sprachanalogien   141

Textaufgaben   146

Wörter ermitteln   151

Schlussfolgerungen   153

Zahnrad-Aufgaben   159

Dominosteine   165

Spiegelungen   169

Konzentration   **174**

bqpd-Test   174

Weg/Pfad finden   177

Personendaten abgleichen   183

Lebenslauf einprägen   185

Inhaltsverzeichnis

Textinhalte einprägen 188

Gesetzestext anwenden 192

Postkorbübung 195

Sprache **205**

Deutsche Grammatik 205

Deutscher Lückentext 208

Kommasetzung 212

Rechtschreibfehler 217

Infinitive bilden 219

Fremdwörter zuordnen 221

Synonyme 224

Gegenteile 227

Sprichwörter ergänzen 229

Englisch-Vokabeln 232

Englischer Lückentext 235

Englische Sätze verbinden 237

Online-Trainings und Support **240**

Plakos Online-Bewerber-Training 240

Support 245

Bonus: Informative Online-Inhalte und Communities 246

Über die Autoren

Waldemar Erdmann ist Geschäftsführer der Plakos GmbH, welche bereits seit über einem Jahrzehnt erfolgreich Webseiten für Karriereberatung und Online-Tests betreibt. Er machte seinen Abschluss an der Fachhochschule Würzburg zum Thema Skills Management Software. Er hat zahlreiche Bücher und Artikel zum Thema Eignungstests und Auswahlverfahren verfasst. Darüber hinaus entwickelt Waldemar eigen-  ständig Apps und Online-Tests, welche Bewerber auf verschiedenste Auswahlverfahren vorbereiten. Heute lebt er mit seiner Familie in der schönen Hansestadt Lübeck.

Philipp Silbernagel ist ebenfalls Geschäftsführer der Plakos GmbH und hat mit seinen Online-Kursen bereits tausende Bewerber auf Einstellungstests vorbereitet. Er hat Elektro- und Informationstechnik an der TU München studiert und war unter anderem für einen der größten Energie- und Automatisie-  rungskonzerne der Welt im Bereich Softwareentwicklung tätig. Bereits während des Studiums hat Philipp sein erstes eigenes Unternehmen gegründet und mehrere Mitarbeiter beschäftigt. Für die Gründung wurde er mit dem IFE Gründerpreis ausgezeichnet.

Vorbereitung auf den Zoll-Einstellungstest

Wenn du dieses Buch in den Händen hältst, interessierst du dich vermutlich für den Zoll als spannenden und überaus reizvollen Arbeitgeber. Ist deinerseits die Entscheidung für den Arbeitgeber gefallen, muss der Arbeitgeber sich noch für dich entscheiden. Damit du zuversichtlich und selbstbewusst in das Auswahlverfahren beim Zoll gehen kannst, haben wir die wichtigsten Übungsaufgaben für dich so kompakt wie möglich zusammengefasst. Außerdem findest du zwei Erfahrungsberichte am Ende dieses Kapitels, welche dir einen kleinen Einblick in das Auswahlverfahren von zwei Bewerberinnen gewähren.

Das Auswahlverfahren und der Einstellungstest

Zum Auswahlverfahren beim Zoll gehören unter anderem schriftliche oder computergestützte Einstellungstests. Hier wird versucht zu überprüfen, ob die Bewerber auch wirklich die Eignung für das gewünschte Einsatzgebiet haben. Die Tests werden entweder im Rahmen eines Assessment Centers durchgeführt oder sie dienen als Grundlage für das spätere persönliche Gespräch.

Der typische Ablauf eines Einstellungstests

Generell unterscheiden sich Einstellungstests dahingehend, in welcher Branche und für welches spätere Einsatzgebiet man sich bewirbt. Die Länge und die Aufgaben lassen sich nicht grundsätzlich verallgemeinern. Trotzdem gibt es oft gewisse Ähnlichkeiten im Ablauf. In der Regel überprüfen Unternehmen die Eignung ihrer Kandidaten/innen in Gruppen. Es kann also sein, dass Bewerber/innen schon beim Auswahlverfahren auf spätere Kollegen/innen treffen. Die Gruppen werden typischerweise von mehreren Personen geleitet. Hierbei handelt es sich oft um spätere Vorgesetzte und Personalentscheider/innen. In manchen Einsatzgebieten nehmen zudem Psychologen/innen teil.

Nachdem du dich vorgestellt hast, werden die schriftlichen Tests ausgeteilt oder die PC-Arbeitsplätze zugewiesen. Umfang und Aufgaben schwanken je nach Arbeitgeber und Branche. Im Grunde genommen lässt sich der Test oft wie eine Abschlussprüfung in der Schule betrachten. So werden Inhalte aus verschiedenen Schulfächern wie Mathe oder Deutsch sowie die Allgemeinbildung (Geschichte, Politik, Erdkunde etc.)

überprüft. Dazu kommt mitunter ein spezieller Prüfungsbereich, der sich nach dem Einsatzgebiet richtet.

Neben schriftlichen Aufgabenstellungen und Tests am PC beinhaltet beinahe jedes Auswahlverfahren eine oder mehrere Gruppenübungen wie Rollenspiele, Case Studies, Postkorbübungen, Planspiele und Präsentationen. Oft müssen sich Bewerber/innen bereits zu Beginn der Gruppe persönlich vorstellen, wobei einem für diese Präsentation nicht mehr als zehn Minuten zur Verfügung stehen. Näheres über die Vorbereitung auf das Assessment Center findest du in unseren Online-Paketen.

Um den Einstellungstest erfolgreich zu bestehen, solltest du einige Dinge beachten. Wichtig ist beispielsweise das persönliche Auftreten. Es handelt sich beim Einstellungstest, im Gegensatz zu einer Abschlussprüfung, nicht um einen reinen Wissenstest. Um einen guten Eindruck zu hinterlassen, empfiehlt sich daher ein gepflegtes Äußeres. Zudem solltest du dich bei der Vorstellung freundlich und höflich zeigen.

Darüber hinaus unterscheidet sich ein Eignungstest von einer Abschlussprüfung auch in Hinblick auf das Zeitmanagement. Eine Prüfung ist zeitlich darauf ausgelegt, dass alle Fragen beantwortet werden können. Bei einem Eignungstest ist dies nicht notwendigerweise der Fall. Oft ist die Zeit absichtlich zu knapp bemessen. Auf diese Weise sollen das Zeitmanagement, die Stressresistenz und die Frustrationstoleranz überprüft werden. Nicht ohne Grund beobachten in der Regel gleich mehrere Verantwortliche des Unternehmens den Test. Du solltest dich daher nicht zu lange mit einer Frage oder sogar einem ganzen Prüfungsbereich aufhalten. Hast du die Antwort nicht sofort, lohnt es sich, die Aufgabe zu überspringen und mit anderen Aufgaben weiterzumachen.

Optimale Vorbereitung auf den Einstellungstest

Wie bei einer Schul- oder Abschlussprüfung kannst du dich durchaus auf einen Einstellungstest vorbereiten. Zunächst einmal hilft dir eine breite Allgemeinbildung weiter. Überprüft werden darüber hinaus mathematisches und logisches Denken, Sprachgefühl, Ausdrucksfähigkeit und Konzentration. Je nach Einsatzgebiet kommt zudem ein spezieller Prüfungsbereich dazu.

Neben den Aufgaben aus dem eigentlichen Einstellungstest sind die sogenannten Soft Skills ebenfalls nicht zu vernachlässigen. Diese spielen bei der Eignung für einen Beruf eine zunehmend wichtige Rolle. Kommunikation, Auftreten und die Körpersprache sind daher ebenfalls nicht zu vernachlässigen.

All diese Themen lassen sich üben und erlernen. In diesem Buch findest du zahlreiche Übungen, mit denen du dich ganz konkret auf den Einstellungstest vorbereiten kannst. Wichtig ist hierbei, dass du alle relevanten Aufgaben sorgfältig durcharbeitest. Für eine verbesserte kritische Selbstreflexion der Ergebnisse haben wir Lösungsansätze für die schwierigsten Aufgaben hinzugefügt. Die Aufgaben in diesem Buch sind in fünf Segmente unterteilt: Fachwissen, Allgemeinwissen, Logik, Konzentration und Sprache.

Zoll

Trotz offener Grenzen innerhalb der EU ist der Zoll nach wie vor eine wichtige Stütze in Deutschland. Rund 39.000 Zöllner/innen arbeiten in der Bundesrepublik, wobei sie die Verantwortung für eine Vielzahl an Aufgaben tragen. Interessenten/innen für eine Ausbildung können sich daher auf einen abwechslungsreichen Arbeitsalltag freuen. Im Gegensatz zur Polizei ist die Ausbildung zudem in Deutschland einheitlich geregelt. Dies betrifft sowohl die Voraussetzungen als auch die Inhalte.

Einstellungsvoraussetzungen für Zöllner/innen

Wer sich für eine Stelle beim Zoll bewerben möchte, hat die Auswahl zwischen dem **mittleren und dem gehobenen Dienst**. Bei beiden Berufswegen gibt es im Vorfeld ein Auswahlverfahren mit Einstellungstest, allerdings unterscheiden sich die schulischen Voraussetzungen. Wer sich für den **mittleren Dienst** interessiert, benötigt

- mindestens einen Realschulabschluss beziehungsweise einen gleichwertig anerkannten Bildungsstand oder
- mindestens einen Hauptschulabschluss und eine mindestens zweijährige Ausbildung in Berufen, die im Verzeichnis der anerkannten Ausbildungsberufe des Bundesinstituts für Berufsbildung (BIBB) aufgeführt und mindestens dem Niveau 3 des Deutschen Qualifikationsrahmens (DQR) zugeordnet sind.

Für den **gehobenen Dienst** ist mindestens ein Abitur notwendig, um eine Zulassung für das Auswahlverfahren zu erhalten. Neben der schulischen Voraussetzung müssen Bewerber/innen zudem über die deutsche

Staatsbürgerschaft oder eine Staatsbürgerschaft der EU verfügen und dürfen nicht vorbestraft sein. Fitness ist ebenfalls ein wichtiger Faktor. Im mittleren Dienst gehört ein Sportabzeichen zu den Pflichtvoraussetzungen. Für die Zulassung zum Einstellungstest ist mindestens Bronze notwendig. Im gehobenen Dienst spielt dies keine Rolle, trotzdem müssen Kandidaten/innen gesund und körperlich fit sein.

Das Auswahlverfahren beim Zoll

Wer die formalen Vorgaben erfüllt, der besitzt zunächst einmal die Voraussetzungen, um für das Auswahlverfahren zugelassen zu werden. Dieses setzt sich aus einem schriftlichen und einem mündlichen Einstellungstest zusammen. Im schriftlichen Test werden unter anderem das Zahlenverständnis und das Sprachverständnis überprüft. Eine Besonderheit beim Zoll-Auswahlverfahren ist die Postkorbübung, bei der du auf Zeit sehr viele und schwierige Entscheidungen fällen musst und dabei den Überblick nicht verlieren darfst. Darüber hinaus gibt es einen Wissenstest.

Hast du das schriftliche Verfahren bestanden, wirst du in der Regel zum mündlichen Auswahlverfahren eingeladen. Der mündliche Teil umfasst eine Gruppenübung mit Diskussion, ein Rollenspiel und ein Interview. Im Auswahlverfahren des gehobenen Dienstes gehört zudem auch ein Kurzvortrag zur Erläuterung eines Sachverhalts zum mündlichen Einstellungstest.

Das schriftliche Auswahlverfahren

Der schriftliche Teil für den mittleren Dienst dauert dreieinhalb Stunden und für den höheren Dienst vier Stunden. Er besteht aus Aufgaben zum Zahlen- und Sprachverständnis, einer Arbeitsprobe und einem Wissenstest. Im **Zahlenverständnistest**, bei dem ein Taschenrechner zugelassen ist, weist du deine mathematischen Fähigkeiten nach durch:

- das Anwenden der mathematischen Grundregeln
- Dreisatz- beziehungsweise Vergleichsrechnung
- Prozentrechnen
- Zinsberechnungen

Beim **Sprachverständnistest** zeigst du:

- Kenntnisse der deutschen Rechtschreibung und Grammatik
- Textverständnis
- die Fähigkeit, Rechtsvorschriften anzuwenden

Bei der **Arbeitsprobe** beweist du mit deinem schriftlichen Ausdruck folgende Fähigkeiten:

- einen Sachverhalt oder ein Problem zu durchdringen und gedanklich zu strukturieren
- Gedanken logisch und überzeugend darzulegen
- eine sichere und gewandte Ausdrucksweise
- die korrekte Anwendung der Regeln der Rechtschreibung, Grammatik und Zeichensetzung
- zu einem mehr oder weniger relevanten Thema Stellung zu nehmen

Eine mögliche Aufgabenstellung im Auswahlverfahren für den mittleren Dienst könnte lauten: *Stellen Sie uns den Inhalt Ihres Lieblingsfilms (Kino oder Fernsehen) dar.* Eine mögliche Aufgabenstellung im Auswahlverfahren für den höheren Dienst könnte lauten: *Stellen Sie die Vor- und Nachteile von Pauschalreisen dar.* In die Bewertung fließt auch der Umfang deiner Darstellung ein.

Beim **Wissenstest** werden Fragen aus dem Bereich der Allgemeinbildung gestellt.

Die Ausbildung im mittleren Dienst

Während der Bewerbungsprozess beim Zoll für den mittleren und den gehobenen Dienst sehr ähnlich ist, unterscheidet sich die Ausbildung deutlich. Auszubildende im mittleren Dienst lernen **zwei Jahre.** Der theoretische Teil findet dabei an den Ausbildungsstätten des Bildungs- und Wissenschaftszentrums der Bundesfinanzverwaltung (BWZ) statt. Diese befinden sich in Plessow bei Potsdam, Rostock und Sigmaringen. Die praktische Ausbildung erfolgt an den Zolldienststellen deines Ausbildungshauptzollamts.

Am Anfang steht immer ein **Einführungspraktikum** von einer Woche, in dem du einen ersten Einblick in den Berufsalltag erhältst. Dabei lernst du auch deine Ausbildungsleitung kennen, die für die inhaltliche und organisatorische Planung und Durchführung der praktischen Ausbildung verantwortlich ist.

Im Anschluss geht es mit einem sechsmonatigen **Einführungslehrgang** an einem Standort des BWZ weiter. Hier tragen die Auszubildenden bereits Uniform. Zu den Ausbildungsinhalten gehören unter anderem Vollzugsrecht, allgemeines Steuerrecht, Vollstreckungsrecht, Strafrecht, Sozialversicherungsrecht und Ausländerrecht.

Der Einführungslehrgang wird mit einer **Zwischenprüfung** abgeschlossen. Diese besteht aus vier schriftlichen Klausuren. Daraufhin folgt die zwölfmonatige **praktische Ausbildung** an den Zolldienststellen deines Ausbildungshauptzollamts. Du wirst

- die Aufgaben der Zollverwaltung praktisch kennen lernen,
- in die Bearbeitung typischer Geschäftsvorgänge der Zollverwaltung eingebunden und
- lernen, dein Fachwissen bei der selbstständigen Bearbeitung von Sachverhalten anzuwenden.

Begleitend finden an den Dienstsitzen des BWZ praxisbezogene Lehrveranstaltungen statt. Du verknüpfst in der Praxis erworbene Kenntnisse und Fähigkeiten mit theoretischem Wissen. Die praxisbezogenen Lehrveranstaltungen schließt du mit Klausuren ab.

Den Abschluss bildet ein sechsmonatiger **Lehrgang** mit Sporttest, an dessen Ende die Auszubildenden die **Laufbahnprüfung** absolvieren. Sie besteht aus vier schriftlichen Prüfungsarbeiten und einer mündlichen Prüfung. Nach erfolgreich bestandener Laufbahnprüfung wirst du in der Regel in das Beamtenverhältnis auf Probe übernommen. Hast du dich in der Probezeit bewährt, wirst du zur Beamtin auf Lebenszeit oder zum Beamten auf Lebenszeit ernannt.

Die Ausbildung im gehobenen Dienst

Im Gegensatz zum mittleren Dienst gehört zur Ausbildung im gehobenen Dienst des Zolls ein dreijähriges duales Studium, das mit der Laufbahnprüfung abgeschlossen wird. Die Ausbildung gliedert sich in Studienabschnitte und Praktika. Das duale Studium absolvierst du an der Hochschule des Bundes am Bildungs- und Wissenschaftszentrum (BWZ) Münster. An den Dienststellen deines Ausbildungshauptzollamts absolvierst du die Praktika. Ein fachlicher Fremdsprachenunterricht in Englisch ist Teil deiner Ausbildung.

Den Anfang macht ein sechsmonatiges **Grundstudium**, bei dem Grundlagen in den Bereichen Recht, Politik, Volkswirtschaft, Finanzwirtschaft, Betriebswirtschaft und Sozialwissenschaft gelehrt werden. Nach einer

Zwischenprüfung mit vier Klausuren folgen mehrere **Praktika**. Hier lernen die Auszubildenden die unterschiedlichen Aufgabenbereiche der Verwaltung kennen. Sie bearbeiten typische Geschäftsvorgänge und lernen, ihr Fachwissen einzusetzen.

Im Anschluss folgt das **Hauptstudium**. Dieses ist in drei Abschnitte unterteilt, die durch zwei weitere Praktika ergänzt werden. Im Hauptstudium können durch Wahlpflichtfächer eigene fachliche Schwerpunkte gesetzt werden. Der Studienabschluss beinhaltet sechs Klausuren und eine mündliche Prüfung. Wer sein Studium erfolgreich abschließt, verfügt im Anschluss über den akademischen Grad Diplom-Finanzwirt/in und wird in der Regel in das Beamtenverhältnis auf Probe übernommen. Hast du dich in der Probezeit bewährt, wirst du zum/r Beamten/in auf Lebenszeit ernannt.

Nach der Ausbildung

Mit dem Abschluss der Ausbildung kommen Beamte/innen im mittleren Dienst bei Hauptzollämtern, Zollfahndungsämtern, der Generalzolldirektion oder beim Wasserzoll zum Einsatz. Wer über eine entsprechende Eignung verfügt, kann zudem die Möglichkeit nutzen, durch ein Studium in den gehobenen Dienst aufzusteigen. Beamte/innen in dieser Laufbahn sind vorzugsweise in Dienststellen der Zollverwaltung aktiv. Aufstiegsmöglichkeiten bieten sich beispielsweise durch ein Masterstudium. Hier kann der Studiengang „Staats- und Verwaltungswissenschaft" infrage kommen.

Viele aktuelle Inhalte (Erfahrungsberichte, Videos, kostenlose Tests etc.) zum Zoll-Einstellungstest findest du auf der folgenden Website: www.zoll-einstellungstest.de

Erfahrungsbericht einer Zollbewerberin

Mein Name ist Romina Herzig, ich bin 21 Jahre alt und habe bereits eine abgeschlossene Ausbildung als Bankkauffrau. Allerdings habe ich mich dazu entschlossen, dass ich nochmal etwas Neues machen möchte und habe mich so um eine Stelle als Zollbeamtin im mittleren Dienst beworben. Bei der Bewerbung gibt man sein Wunschhauptzollamt sowie ein „Ersatzhauptzollamt" an.

Das Auswahlverfahren

Das Auswahlverfahren beim Zoll besteht aus einem schriftlichen Einstellungstest, einem Assessment Center und einem Vorstellungsgespräch. Einen Sporttest gibt es beim Zoll nicht mehr – stattdessen muss man das Deutsche Sportabzeichen (Bronze langt) vorlegen. Dies kann man entweder bei der Bewerbung mit abgeben oder man kann es bis zum 15. Juni des Einstellungsjahres einreichen. Das Sportabzeichen darf nicht älter als ein Jahr sein.

Nach Ablauf der Bewerbungsfrist habe ich relativ schnell die Einladung zum schriftlichen Einstellungstest erhalten. Auf der Website des Zolls unter www.zoll.de findest du Beispiele zum schriftlichen Test, diese solltest du vorher unbedingt durchgehen, da du so ein Gefühl für den Test bekommst. Die Aufgaben dort ähneln den Aufgaben des richtigen Tests. Außerdem solltest du dir etwas Allgemeinwissen aneignen.

Tag 1: Schriftlicher Einstellungstest

Der schriftliche Einstellungstest fand Anfang November statt. Ich war mit zirka 30 anderen Bewerbern in einem Raum – laut Prüfer waren insgesamt drei Räume für die Prüfungen belegt. Anfangs mussten wir unsere Einladung sowie unseren Personalausweis vorzeigen. Der Prüfer erklärte uns ausführlich den Ablauf des Tests. Am Platz sollte außer dem Testbogen und unserem Stift nichts mehr liegen. Essen und Trinken während des Tests waren erlaubt. Bitte achte darauf, dass du zum Test pünktlich kommst. Vier Leute sind bei uns zu spät gekommen – der erste Eindruck zählt! Für die Bearbeitung des Tests hast du dreieinhalb Stunden Zeit.

1. Teil – Sprachverständnis

Hier kamen Aufgaben zur Rechtschreibung, Grammatik und Text-verständnis dran. Außerdem wurde überprüft, ob man einen Gesetzestext anwenden kann.

Beispielaufgaben:
Ein Text war gegeben und man sollte Rechtschreib- und Grammatikfehler anstreichen und verbessern. Ein weiterer Text war gegeben und zu diesem sollte man Fragen beantworten (Ankreuzaufgabe). Gesetzestexte waren gegeben und man sollte ankreuzen, welcher Sachverhalt zutreffend ist. Aufgaben wie Synonyme und Gegenteile kamen natürlich auch dran.

2. Teil – Zahlenverständnis

Der Matheteil war meiner Meinung nach machbar, mit diesem war ich auch am schnellsten fertig. Die Aufgaben bestanden aus Dreisatz sowie Zins- und Prozentrechnung. Die Aufgaben waren zum Teil als Textaufgaben verpackt. Beispielaufgaben hierzu sind auch auf der Zoll-Website – leider fehlen hier die Lösungen.

3. Teil – Arbeitsprobe

Die anspruchsvollste Aufgabe war meiner Meinung nach die Arbeitsprobe. Diese ist mit einer Postkorbübung vergleichbar. Hier hatten wir Texte mit verschiedenen Sachverhalten bekommen – auch mit einigen Problemen. Dazu mussten wir einen Bericht schreiben und Lösungsvorschläge für die vorliegenden Probleme bringen. Die wichtigsten Informationen waren dem Text zu entnehmen, den man bekommen hat. Ich kann hier empfehlen, sich ein Schmierblatt zu nehmen und zunächst alles stichpunktartig aufzuschreiben. Nimm dir für die Aufgabe ausreichend Zeit. Hier kannst du gut Punkte sammeln.

4. Teil – Allgemeinwissen

Zu guter Letzt kamen Fragen zum Allgemeinwissen dran. Es waren rund zehn Fragen, die lösbar waren. Ich war vor den dreieinhalb Stunden fertig. Der Test gilt als bestanden, wenn man mindestens 50 von 100 Punkten erreicht hat. Fazit: Mach dich nicht verrückt! Bereite dich vor, dann ist der Test machbar. Die Zeit reicht vollkommen aus.

Kurz vor Weihnachten erhielt ich die Zusage zum mündlichen Auswahlverfahren. Auf das mündliche Auswahlverfahren habe ich mich natürlich auch gut vorbereitet. Ich habe mir Stichpunkte zum Interview gemacht und mir Antworten auf die typischen Fragen, wie Stärken und Schwächen, überlegt. Außerdem, was auch hier wieder zu empfehlen ist, schau dir genauestens die Website des Zolls an.

Tag 2: Gruppenübung/Rollenspiel/Interview

Da es sich um ein Vorstellungsgespräch handelt, kleide dich dementsprechend angemessen. Ich hatte eine Bluse und einen Blazer an. Achte auch auf dein Schuhwerk, lass die Turnschuhe an dem Tag lieber im Schuhschrank. Beginn war um 8:30 Uhr. Wir waren an diesem Tag nur zu dritt, da eine andere Bewerberin nicht aufgetaucht ist. Wir drei Bewerber hatten ungefähr alle ein ähnliches Alter. Eine Mitarbeiterin des Zolls erklärte uns ausführlich den Tagesablauf und beantwortete uns noch offene Fragen. Wir begannen mit der Gruppendiskussion, anschließend folgte das Rollenspiel und abschließend das Vorstellungsgespräch. Die Reihenfolge, wer als Erstes beim Rollenspiel/Vorstellungsgespräch dran ist, wurde uns vorgegeben. Da wir nur zu dritt waren, ging es sehr schnell und wir waren um 13 Uhr mit allem durch.

Gruppendiskussion

Um 9 Uhr ging es mit der Gruppendiskussion los. Wir wurden in einen Raum gebeten, in dem die Prüfungskommission schon saß. Sie bestand aus zwei Frauen und zwei Männern. Außerdem war die Gleichstellungsbeauftragte auch mit im Raum. Alle waren sehr nett und haben sich kurz vorgestellt. Da wir nur zu dritt waren, wurde noch eine Zollbeamtin für die Diskussion dazu geholt.

Während der Diskussion habe ich die Prüfer überhaupt nicht mehr beachtet. Wir hatten zwei Minuten, um uns kurz Gedanken zu machen. Anschließend haben wir 15 Minuten diskutiert. Rede viel – aber nicht zu viel. Finde ein gutes Mittelmaß! Integriere Leute, die nicht so viel sagen. Wir kamen mit dem Thema gut zurecht. Die 15 Minuten waren schnell vorbei. Die Diskussion nahm mir auch einen Teil meiner Nervosität. Nach den 15 Minuten wurden wir wieder aus dem Raum geschickt und nun nacheinander zum Rollenspiel geholt.

Rollenspiel

Ich war als Zweite dran. Das Rollenspiel geht etwa sieben Minuten. Bevor wir in den Raum gerufen wurden, hatten wir fünf Minuten Zeit, um uns in den Sachverhalt einzulesen. Das Rollenspiel haben wir mit einer

Zollbeamtin geführt, die nicht zur Prüfungskommission gehört. Wir durften sie in dem Rollenspiel duzen.

Der Sachverhalt war folgender: Die Kollegin übernahm ständig die Außendienstarbeiten und ich durfte nur Innendienst machen. Wenn sie in den Außendienst ging, nahm sie lieber andere Kollegen mit. Ich musste sie darauf ansprechen und sagen, dass ich auch gerne beim Außendienst dabei sein möchte und nicht nur Innendienst machen will. Ziel war es, eine Lösung zu finden. Im Raum stand ein Tisch, an dem zwei Stühle standen. Die Person, die meine „Kollegin" war, saß mir an dem Tisch gegenüber. Die Kollegin stellte sich auf stur, zeigte keine Einsicht und blockte ab. Hier fielen Sätze wie: „Du machst den Innendienst aber so gut.", „Mit dem anderen Kollegen bin ich jetzt aber schon eingespielt.". Lass dich dadurch nicht beirren. Bleib bei deiner Meinung, aber bleib dabei höflich. Während des Rollenspiels ist die Zeit verflogen – die sieben Minuten waren sehr schnell vorbei.

Vorstellungsgespräch

Als Nächstes stand das Vorstellungsgespräch an. Auch hier war wieder eine sehr angenehme Atmosphäre und die Prüfer waren alle sehr nett. Ich saß an einem Tisch vor den Prüfern. Anfangs sollte ich mich vorstellen. Ich erzählte meinen Lebenslauf und antwortete auf Zwischenfragen. Die Prüfer machten sich alle Notizen. Jeder Prüfer stellte Fragen. Auf typische Fragen wie „Warum möchten Sie zum Zoll?" oder „Wie wurden Sie auf uns aufmerksam?" sollte man natürlich vorbereitet sein. Es wurden auch sehr viele Fragen zum Ablauf der Ausbildung gestellt. Schau dir die Website des Zolls genauestens an, die Aufgaben sowie den Ablauf der Ausbildung, Schulstandorte etc. Außerdem wurde ich gefragt, ob ich mich eher im Innendienst oder im Außendienst sehe. Bin ich sportlich? Kann ich mir vorstellen, eine Waffe zu tragen? Kann ich mir vorstellen wegzuziehen? Das Gespräch war wirklich sehr entspannt. Nach 30 Minuten war auch dieses geschafft und ich durfte nach Hause gehen. Fazit: Alle waren sehr nett. Bereite dich vor allem auf das Gespräch gut vor. Sei du selbst und immer höflich. Mach dich nicht verrückt, dir reißt dort niemand den Kopf ab.

Tag 3: Arzt

Zwei Tage später hatte ich den Brief in der Post: „Es ist beabsichtigt, Sie zum 1.8. einzustellen, wenn der Amtsarzt sein OK gibt." Ich musste hierzu einen Termin bei meinem zuständigen Gesundheitsamt vereinbaren, Kontaktdaten habe ich vom Hauptzollamt bekommen, da diese die Untersuchung veranlassen müssen. Jeder Amtsarzt führt die notwendige Untersuchung unterschiedlich durch. Es gibt keine Einheitsuntersuchung wie bei der Polizei. Ich wurde zu meinem Gesundheitsstand befragt, Herz und Lunge wurden abgehört und Reflexe wurden getestet. Eine Urinuntersuchung gab es bei mir nicht. Aber wie gesagt, das handhabt jeder Amtsarzt unterschiedlich, die Untersuchung kann bei dir strenger oder lockerer ausfallen. Ich wurde vom Amtsarzt als tauglich eingestuft. Allerdings habe ich mich letztendlich für die Ausbildung bei der Bundespolizei entschieden, da diese einfach besser zu mir passt.

Erfahrungsbericht einer Zollbewerberin

Ich heiße Celine, bin 19 Jahre alt und absolviere gerade mein Jahrespraktikum bei der Polizei Hessen. Um nicht nur einen Plan A zu haben, habe ich mich unter anderem auch beim Zoll beworben, sowohl für den mittleren als auch den gehobenen Dienst.

Das Auswahlverfahren

Der Zoll ist keine Behörde, die ihre Bewerber lange warten lässt. Der Kontakt war immer sehr gut, man bekam innerhalb weniger Tage Antworten auf E-Mails. Also bekam ich schon bald meine Einladungen zu beiden Auswahlverfahren. Ich muss ehrlicherweise sagen, dass ich mich sehr, sehr wenig auf die Auswahlverfahren vorbereitet habe, ich wusste nicht, was auf mich zukommt. Was ich gelernt habe, sind Fakten über den Zoll, wem er unterstellt ist, Hauptzollämter und so weiter. Dieses Wissen benötigt man für den ersten Teil des Auswahlverfahrens allerdings noch nicht.

Der Test besteht aus drei Teilen, die man in zwei nicht aufeinanderfolgenden Tagen absolviert. Ich werde hauptsächlich über den mittleren Dienst berichten, da ich den schriftlichen Teil des gehobenen Dienstes nicht bestanden habe. Hätte ich mal gelernt ... Der Test ist aber machbar, ich möchte keinem Angst machen.

Einige Unterschiede waren im Matheteil zu bemerken, aber an große Unterschiede kann ich mich nicht erinnern. Es geht wahrscheinlich um die Punktzahl, die man erreicht bei allem. Ich wurde nach Reiskirchen eingeladen, da ich mich für Gießen als ersten Wunsch beworben habe und Frankfurt als zweiten Wunsch. Wir waren zirka 40 Leute. Im Vergleich zu anderen Einstellungstests sind sehr viele Bewerber erschienen, es waren kaum Tische unbesetzt.

Der Test wird **auf Papier geschrieben**, wie bei der Bundespolizei, nicht am Computer. Zuerst wurden unsere Ausweise kontrolliert und wir bekamen eine kleine Einführung. Es dauert zwar eine Weile, aber Fahrtkosten werden erstattet.

Schriftlicher Teil

Keine Garantie, dass ich hier nichts vergesse, der Test ist schon eine Weile her.

Deutschtest
Der erste Teil war der Deutschtest. Dran kamen Aufgaben zur Rechtschreibung. Diese waren im Multiple-Choice-Verfahren aufgebaut. Dann hatte man Texte in unterschiedlichen Schwierigkeiten, zu denen man Fragen beantworten musste. Nicht schwer meiner Meinung nach.

Gesetzestexte
Danach kamen meiner Erinnerung nach Gesetzestexte dran. Man bekam ein Szenario, ein Gesetzestext und musste wieder richtige Antworten ankreuzen. Wenn man sich ein wenig konzentriert hat, war das nicht schwer.

Mathe
Im Matheteil kamen Aufgaben mit normaler Grundrechnung, Zinsrechnung, Prozentrechnung und Dreisatz dran – keine Zahlenreihen. Aufgrund meiner nicht vorhanden Vorbereitung fand ich den Teil am schwierigsten. Wenn man die Themen allerdings vorher noch einmal wiederholt, sollte der Matheteil auch für Leute, die schlecht in Mathe sind, zu lösen sein. Man hat, vielleicht wichtig zu erwähnen, da es sonst nirgends so ist, einen Taschenrechner zur Verfügung beziehungsweise muss ihn mitbringen, aber das steht glaube ich auch alles in der Einladung.

Aufsatz
Anschließend kam der „Aufsatz" dran, das heißt, man sollte viele Texte, Briefe, Informationen in einem Aufsatz bündeln. Bei mir ging es um eine

Zollveranstaltung – diese Übung fiel mir leichter, hat mich sehr an normale Deutschaufgaben in der Schule erinnert. Da man mehr als ausreichend Zeit hat, kann man die Blätter in aller Ruhe studieren, man hat sie die ganze Zeit vor sich. Was man allerdings immer im Kopf behalten sollte ist die Rechtschreibung.

Da man nur insgesamt einen gewissen Zeitraum zur Verfügung hat und keine Begrenzung für die verschiedenen Teile, kann man sich so viel Zeit für die jeweiligen Testabschnitte nehmen wie man möchte – ich hatte am Ende noch sehr viel Zeit übrig und habe auch wie fast alle den Test früher abgegeben.

Allgemeinbildung
Ich hoffe, ich habe nichts vergessen. Der letzte Teil des Tests war die Allgemeinbildung. Es kamen Geschichtsfragen, Sprichwörter, eine Frage zum All dran, ich erinnere mich nicht mehr genau welche, ein bisschen Politik, es wurde nach dem höchsten Berg gefragt und nach irgendeinem Autor oder Buchtitel. Alles Aufgaben zum Ankreuzen und einige Jahreszahlen. Ich bin bei sowas generell nicht allzu nervös, aber man hat auch gar keinen Grund, besonders der Test für den mittleren Dienst ist nicht schwer.

Mündlicher Teil

Ein paar Monate später bekam ich dann die Zusage, dass ich zum mündlichen Teil des Verfahrens eingeladen bin. Dieser Teil fand für mich in Gießen statt. Wir waren eine Gruppe von fünf bis sechs Leuten und wir verstanden uns von Anfang an. Die Reihenfolge, in der wir die Übungen absolvieren sollten, wurde vorher festgelegt.

Gruppendiskussion
Es begann mit der Gruppendiskussion, wir sollten vor zirka fünf Leuten über Schuluniform Pro/Kontra diskutieren. Da wir vorher schon miteinander sprachen, fiel es uns nicht schwer, einen Einstieg zu finden. Da wir allerdings einer Meinung waren, sprachen wir eher generell über das Thema. Es hat sich jeder eingebracht.

Anschließend wurden wir zurück in unseren Aufenthaltsraum geführt. In diesem Raum saß ein fertiger Beamter, der auf uns aufpassen sollte, aber noch viel wichtiger: Uns war verboten, darüber zu sprechen, was wir gefragt wurden und machen sollten und so weiter – damit es der

Letzte nicht viel einfacher hat mit den Informationen der Ersten. Wir haben viel mit dem noch jungen Beamten geredet und viel gefragt, er war sehr hilfsbereit.

Rollenspiel

Danach folgte das Rollenspiel, wir malten uns die schlimmsten Szenarien aus. Die Aufgabe war: Du bist Zollbeamtin und hast eine Kollegin, die sich die ganze Zeit die bessere Arbeit nimmt, ohne dich rausfährt und dafür noch die Lorbeeren einheimst.

Es wurden noch ein paar mehr Aussagen über einen geschrieben, die man sich merken muss, damit man sich rechtfertigen kann, um die Kollegin dann anschließend überzeugen zu können. Man bekam ein paar Minuten Zeit, um sich reinzulesen und sich Sachen zu überlegen und so weiter.

Dann wurde man in den Raum mit der Prüfungskommission geführt, dort saß „deine Kollegin". Man hat sich neben sie gesetzt und sollte anfangen, sie mit ihrem Handeln zu konfrontieren. Die Kollegin war natürlich komplett uneinsichtig und man konnte sie nicht überzeugen, aber das war auch nicht der Sinn. Man wollte nur die Argumente beobachten – ich hatte ein gutes Gefühl danach. Die anderen konnten es eher weniger einschätzen, sie waren eher der Meinung, dass man kaum was gegen die Kollegin sagen konnte.

Anschließend konnten noch drei Bewerber ihr Interview machen und nach Hause gehen. Wir hatten dann Mittagspause. Ich war als Letzte mit dem Einzelgespräch dran.

Einzelgespräch

Die Prüfungskommission war sehr nett. Zuerst sollte man etwas über sich selbst erzählen, anschließend wurden noch viele Fragen gestellt:

- Fragen über den Zoll – man sollte die Aufgaben des Zolls erläutern, wem er unterstellt ist und so weiter.
- Viele Fragen über einen selbst, Hobbys, wie man in bestimmten Situationen reagieren würde, wie man zum Waffengebrauch steht.
- Natürlich die Frage, warum man zum Zoll möchte. Da ich vorher gesagt habe, dass ich mich auch bei Landespolizeien beworben habe, wurde ich gefragt, warum ich lieber zum Zoll möchte. Meiner Ansicht nach war meine Antwort darauf sehr schwach.

- Man sollte sich außerdem über das aktuelle Tagesgeschehen und die Nachrichtenlage informieren.

Sportliche Anforderung

Einen Sporttest gibt es beim Zoll seit 2014 nicht mehr. Man muss ein Sportabzeichen, mindestens Bronze, das nicht älter ist als ein Jahr, nachweisen. Alles in allem hatte ich ein gutes Gefühl, ich fand mein Einzelinterview allerdings am schwächsten.

Nach einer längeren Wartezeit bekam ich einen Anruf, dass Gießen als Ausbildungsstätte voll ist, wenn sie meine Bewerbung allerdings für Frankfurt übernehmen würden, hätte ich gute Chancen. Ich stimmte zu und bekam wenig später die Zusage für Frankfurt. Aufgrund anderer Optionen ist der Zoll allerdings nicht meine Nummer eins.

Ärztliche Untersuchung

Nach der Zusage bekommt man einige Post, unter anderem die „Einladung" zur ärztlichen Untersuchung. Ich erschien also am geladenen Tag in Darmstadt. Die Untersuchung umfasst zwei verschiedene Sehtests, einen, der das periphere Sehen prüft und einen, bei dem es um Farben, räumliches Sehen und so weiter geht. Einen Hörtest, bei dem man immer lauter werdende Piep-Geräusche hören muss und ein Ruhe-EKG. Außerdem musste ich Urin und Blut abgeben und wurde grob am Herzen abgehört.

Nachdem ich zu Hause war, wurde ich angerufen und mir wurde mit Bedauern mitgeteilt, dass das Belastungs-EKG vergessen wurde. Ich hatte sogar interessehalber gefragt, ob es beim Zoll keines gibt. Also neuen Termin ausgemacht, aber sonst lief alles glatt, keine Probleme mit meiner Gesundheit.

Am ehesten vergleichen könnte man das Auswahlverfahren meiner Meinung nach mit dem der Bundespolizei. Mit ein wenig Vorbereitung ist der Test einfach zu schaffen. Viel Glück und Erfolg allen.

Es handelt sich hier um echte Erfahrungsberichte von Bewerberinnen. Bitte bedenke, dass sich Einstellungstests ändern können und somit keine Gewähr für die Richtigkeit der Inhalte übernommen werden kann.

Vorbereitung mit Online-Inhalten

Es ist immer sinnvoll, sich auch im Internet über den Einstellungstest des eigenen Berufs zu informieren. Auf www.plakos.de und dem zugehörigen YouTube-Kanal „Plakos" (per Suchfunktion), der mittlerweile Aufrufe im sechsstelligen Bereich aufzuzeigen hat, gibt es viele Informationen zu verschiedenen Berufen und kostenfreie Tests zur Vorbereitung. In den Kommentaren tauschen sich Bewerber oft untereinander aus und erzählen von eigenen Erfahrungen.

Das Team von Plakos steht bei Fragen auch direkt über den Facebook Messenger auf der eigenen Facebookseite – @plakosDE (per Suchfunktion) – zur Verfügung. Über die Facebook-Seite werden stets Updates über Assessment Center gepostet oder neue kostenfreie Tests bereitgestellt.

Viele Bewerber fühlen sich nach dem Durcharbeiten dieses Buches viel sicherer. Falls trotzdem noch Nervosität oder Ängste vorhanden sein sollten oder eine noch intensivere und effizientere Vorbereitung erwünscht ist, gibt es die Möglichkeit mit interaktiven Online-Trainings weiter zu üben.

Die Online-Bewerber-Trainings auf www.plakos-akademie.de wurden bereits von tausenden Bewerbern durchlaufen und stellen eine sinnvolle Ergänzung zum Buch dar, da hier auch individuelle Fragen von Nutzern beantwortet werden können und mehrere Stunden Videomaterial mit wichtigen Inhalten zum Thema Vorstellungsgespräch und Assessment Center verfügbar sind.

Am Ende des Buches wird das Online-Programm mit Screenshots im Detail vorgestellt. Dort findest du außerdem Gutscheincodes für unsere Online-Trainings im Wert von 17 Euro und für die Vollversion unserer Testtrainer-App im Wert von 9,90 Euro.

Nun wünschen wir dir viel Erfolg bei den Aufgaben!

Bei weiteren Fragen kannst du uns gerne jederzeit eine E-Mail schreiben an phil@plakos.de oder kontaktiere uns über WhatsApp unter +49 (0)172 622 63 96.

Fachwissen

Ergänzend zum Allgemeinwissen stellen potenzielle Arbeitgeber häufig Wissensfragen aus dem jeweiligen Fachgebiet. So hoffen sie, Rückschlüsse ziehen zu können, ob ein ernsthaftes Interesse an der Ausbildung und an dem Arbeitgeber selbst besteht.

Fachspezifische Aufgaben zum Zoll

1. Welchem Ministerium ist die Bundeszollverwaltung unterstellt?
a) Bundesministerium für wirtschaftliche Zusammenarbeit und Entwicklung
b) Bundesministerium für Wirtschaft und Energie
c) Auswärtiges Amt
d) Bundesministerium der Finanzen

2. Wo hat die Generalzolldirektion ihren Hauptsitz?
a) Bonn
b) Berlin
c) Bonn und Berlin
d) Hamburg

3. Die Europäische Union gibt für Zigaretten eine Freimenge vor. Wie hoch ist diese?
a) 200 Stück
b) 800 Stück
c) 2.000 Stück
d) 400 Stück

4. Die Europäische Union gibt für Spirituosen ab 15 % vol. eine Freimenge vor. Wie hoch ist diese?
a) 20 Liter
b) zehn Liter

c) 60 Liter
d) fünf Liter

5. Wo darf der Zoll hinter Grenzen an Land uneingeschränkt kontrollieren?
a) nur direkt an der Grenze
b) bis zu 30 Kilometer nach der Grenze
c) uneingeschränkt im gesamten Bundesgebiet
d) Der Zoll darf nicht uneingeschränkt kontrollieren.

6. Ab welchem Warenwert müssen Waren, die über einen Flughafen eingeführt werden, angemeldet sein?
a) 10.000 €
b) 430 €
c) 1.000 €
d) 100 €

7. Welche der folgenden Tätigkeiten zählt nicht zu den Aufgaben des Zolles?
a) Terrorismusbekämpfung
b) Schwarzarbeitsbekämpfung
c) Verbraucherschutz
d) Instandhaltung der Verkehrswege

8. In welcher Sportart stellt der Zoll ein eigenes Team?
a) Fußball – Fußballklub des Zolls
b) Skifahren – Zoll Ski Team
c) Laufen – Marathonstaffelgruppe Hauptzollamt
d) Eishockey – Zoll Hockey Team

9. Wo befindet sich das Deutsche Zollmuseum?
a) Hamburg
b) Berlin
c) München
d) Köln

10. Welchen Abschluss benötigt man für den gehobenen Dienst beim Zoll?
a) mindestens Fachhochschulreife
b) mindestens Abitur
c) mindestens Realschulabschluss
d) Es wird kein Abschluss vorausgesetzt.

11. Für eine Bekannte bestellst du in den USA ein Geschenk. Was gibt es zu beachten?
a) Nichts, da es sich um eine Geschenksendung handelt.
b) Je nach Warenwert muss ich Abgaben an den Zoll abführen.
c) Ich muss die Ware im Vorhinein anmelden.
d) Ich darf die Bestellung nicht ausführen.

12. Wann darf der Zoll ein Plüschkaninchen beschlagnahmen?
a) wenn es aus echtem Kaninchenfell besteht
b) wenn es zu Unrecht als „handmade in Germany" gekennzeichnet ist
c) wenn es nicht wenigstens bei 60 Grad gewaschen werden darf
d) wenn es wie ein Wüstenfuchs aussieht

13. Was ist ein Totalembargo?
a) Alle Dienstleistungen an den Embargo-Adressaten sind untersagt.
b) Alle Informationsgeschäfte mit dem Embargo-Adressaten sind untersagt.
c) Es gibt kein Totalembargo.
d) Jeglicher Handel mit dem Embargo-Adressaten ist untersagt.

14. Welches Land ist mit einem Waffenembargo belegt?
a) Indien
b) Syrien
c) Nigeria
d) Iran

15. Was dürfen Personen, die nach Deutschland einreisen, ausnahmsweise dokumentenfrei für den eigenen persönlichen Gebrauch im persönlichen Gepäck mitführen?

a) bis zu 300 Gramm Schildpatt

b) bis zu 500 Gramm Elfenbein

c) bis zu vier tote Seepferd-
chen

d) bis zu drei Haiflossen

16. Was darf keinesfalls ohne zollrechtliche Anmeldung und Genehmigung nach Deutschland?

a) Perserkatzen

b) Süßwasserschildkröten

c) Maine Coon Katzen

d) Elefantenfüße

17. Bei der Einreise in die EU müssen Barmittel schriftlich angemeldet werden, ab einer Höhe von ...

a) 1.000 Euro.

b) 10.000 Euro.

c) 20.000 Euro.

d) 200.000 Euro.

18. Bei der Einreise oder Wie-
dereinreise nach Deutschland dürfen Arzneimittel ...

a) für einen Bedarf von maximal drei Monaten je Arzneimittel eingeführt werden.

b) nicht eingeführt werden.

c) uneingeschränkt eingeführt werden.

d) für einen Bedarf von maxi-
mal drei Jahren je Arzneimittel eingeführt werden

19. Der Deutsche Zollverein war im 19. Jahrhundert eine Zollunion von Staaten des Deutschen Bundes. Wann trat der Zollvereinigungsvertrag in Kraft?

a) 1834

b) 1888

c) 1852

d) 1801

20. Nehmen deutsche Zollbe-
amte an internationalen Eins-
ätzen teil?

a) ja, aber nur innerhalb der EU

b) ja

c) ja, aber nur mit Zustimmung der amerikanischen Zollbeamten

d) nein

21. Wie viele Hauptzollämter gibt es in Deutschland?

a) 16

b) 31

c) 57

d) 43

22. Was muss bei einer Inter-
netbestellung im Wert von 99 € aus einem Nicht-EU-Staat gezahlt werden?

a) den entsprechenden Zolltarif

b) 19 % Mehrwertsteuer auf den Warenwert

c) nichts, solange es sich um eine private Bestellung handelt

d) 19% Mehrwertsteuer + den entsprechenden Zolltarif

23. Wie wird der Zollkodex der Europäischen Union abge-kürzt?
a) Europäische Zollgemein-schaft
b) Zollunionskodex
c) Europäischer Zollkodex
d) Unionszollkodex

24. Für welches der folgenden Themen ist der Zoll nicht zu-ständig?
a) Produktpiraterie
b) Insiderhandel
c) Schwarzarbeit
d) Verbraucherschutz

25. Wann wurde die Bundes-zollverwaltung gegründet?
a) 1945
b) 1949
c) 1962
d) 1990

26. Wie hoch waren 2018 die Einnahmen des Zolls?
a) zirka 50 Milliarden Euro
b) zirka 92 Milliarden Euro
c) zirka 141 Milliarden Euro
d) zirka 205 Milliarden Euro

27. Wie viele Mitarbeiter be-schäftigte die Bundeszollver-waltung im Jahr 2018?

a) zirka 22.000
b) zirka 39.000
c) zirka 56.000
d) zirka 63.000

28. Was bedeutet der Begriff Zoll?
a) Abgabe
b) Ware
c) Steuer
d) Gebühr

29. In welchem Jahr trat die Zollunion in Kraft?
a) 1952
b) 1968
c) 1993
d) 2004

30. Als Zollunion bezeichnet man …
a) ein Bündnis europäischer Staaten zur Kriminalitätsbe-kämpfung.
b) die oberste Zollbehörde in Europa, die die Handelswege über Drittländer kontrolliert.
c) ein Institut, das die Aufga-ben und Richtlinien der Zölle in Europa überwacht.
d) einen Zusammenschluss von Staaten, die ein gemeinsames Zollgebiet bilden.

Lösungen: Fachspezifische Aufgaben zum Zoll

1. d)	11. b)	21. d)
2. a)	12. b)	22. b)
3. b)	13. d)	23. d)
4. b)	14. d)	24. b)
5. b)	15. c)	25. b)
6. b)	16. d)	26. c)
7. d)	17. b)	27. b)
8. b)	18. a)	28. a)
9. a)	19. a)	29. b)
10. a)	20. b)	30. d)

Zu 1.: d) Die Bundeszollverwaltung ist als deutsche Zollbehörde Bestandteil der Bundesfinanzverwaltung und damit dem Bundesfinanzministerium unterstellt.

Zu 2.: a) Zum 1. Januar 2016 wurde mit der Neuorganisation des Zolls die Generalzolldirektion als neue Bundesbehörde eingerichtet. Diese besteht aus neun Direktionen und hat ihren Hauptsitz in Bonn.

Zu 6.: b) Bei einer Reise mit dem Flugzeug oder Schiff gilt der Freibetrag von 430 €, bis zu dem die Einführung zollfrei bleibt. Bei Autofahrten beträgt die Grenze 300 €.

Zu 8.: b) Die Zollverwaltung fördert Skisport bereits seit 1952. Diese Sportförderung war anfänglich ausgerichtet auf eine erfolgreiche Teilnahme von skibegeisterten Zollbeamten an den jährlich ausgetragenen Internationalen Zollskiwettkämpfen, entwickelte sich aber im Laufe der Jahre zu einer zielorientierten Spitzensportförderung. In der Saison 2018/2019 umfasst das Zoll Ski Team insgesamt 75 Mitglieder.

Zu 9.: a) Das Deutsche Zollmuseum befindet sich in der Hamburger Speicherstadt und wurde 2008 umfangreich renoviert. Besucher können hier über 1.000 Ausstellungsstücke, wie Schmuggelverstecke, historische Uniformen bewundern und außergewöhnliche Exponate, vermitteln anschaulich die Arbeit des Zolls in der Vergangenheit und Gegenwart.

Zu 21.: d) Die Zollverwaltung besteht aus der Generalzolldirektion mit Hauptsitz in Bonn, 43 Hauptzollämtern und 253 Zollämtern sowie acht Zollfahndungsämtern.

Zu 23.: d) Der Zollkodex der EU wird mit dem Begriff "Unionszollkodex" (UZK) abgekürzt. Der Unionszollkodex legt die Grundzüge eines für die Zukunft ausgelegten modernen europäischen Zollrechts fest.

Zu 25.: b) 1949 wurde neben der Gründung der Bundesrepublik Deutschland auch eine Zentrale Zollnachrichtenstelle in Frankfurt am Main errichtet.

Zu 28.: a) Als Zoll bezeichnet man eine Abgabe, die beim körperlichen Verbringen einer Ware über eine Zollgrenze entsteht. Zölle sind Steuern im Sinne der Abgabenordnung.

Zu 29.: b) Am 01.07.1968 trat die Zollunion in Kraft. Die Zölle im innergemeinschaftlichen Handel werden bereits 18 Monate vor dem im Vertrag von Rom festgelegten Termin abgeschafft und die internationalen Zolltarife im Handel mit Drittländern durch den gemeinsamen Zolltarif ersetzt.

Zu 30.: d) Als Zollunion bezeichnet man ein Bündnis mehrerer Staaten, die ein freies Handelsgebiet schaffen. Eine Zollunion besteht zum einen aus einer Freihandelszone, was die Abschaffung von Binnenzöllen und anderen Handelsbeschränkungen ermöglicht. Dadurch müssen Waren bei einem Verbringen von einem Mitgliedstaat in den anderen nicht mehr verzollt werden.

Allgemeinwissen

In Einstellungstests bekommst du häufig Fragen zum Thema Allgemeinwissen gestellt. Da sich Aufgaben aus diesem Bereich nicht durch logisches Denken lösen lassen, ist entsprechendes Vorwissen sehr wichtig.

Welche Fragen und Aufgaben kommen dran?

Wie auch in anderen Bereichen des Einstellungstests kann Allgemeinwissen nicht von einem auf den anderen Tag erlernt werden. Allgemeinwissen muss kontinuierlich aufgebaut, aktualisiert und erweitert werden.

Beispiel
Wie kannst du dich nun optimal auf diesen Teil vorbereiten, wenn dir wenig Zeit bleibt? Es gibt sehr viele Fragen, die immer wieder in Einstellungstests gestellt werden. Zum einen handelt es sich dabei um Fragen zu historischen Themen, zum Beispiel „Wann war die Wiedervereinigung?", und zum anderen werden Fragen zum aktuellen Zeitgeschehen gestellt.

Beispiel: „Wer ist aktuell Justizminister/in?"

Wir empfehlen dir für deine Vorbereitungen die folgenden Multiple-Choice-Fragen akribisch durchzuarbeiten und am besten täglich Zeitung zu lesen.

Das Segment „Allgemeinwissen" wird hier thematisch unterteilt. Die Aufgaben unterscheiden sich in zwei Aufgabentypen. Dir wird entweder ein Satz vorgegeben, welcher durch a), b), c) oder d) ergänzt werden muss, oder es muss eine Frage richtig beantwortet werden. Es gibt zu jeder Aufgabe nur eine richtige Lösung. Die Lösungen und Lösungshinweise zu den Aufgaben findest du jeweils am Ende des Unterkapitels.

Recht

1. Die sogenannte Judikative ist die …
a) ausführende Gewalt.
b) richterliche Gewalt.
c) gesetzgebende Gewalt.
d) gesetzliche Gewalt.

2. Für wen hat der Gesetzgeber im Strafrecht eigens eine besondere Regelung eingeführt?
a) Kronzeuge
b) Kronprinz
c) Kronleuchter
d) Kronkorken

3. Welchen Zweck verfolgen die Grundrechte primär?
a) den Schutz von Bürgern untereinander
b) den Schutz des Bürgers vor juristischen Personen
c) den Schutz des Bürgers vor Eingriffen des Staates
d) den Schutz des Staates vor den Bürgern
e) Keine Antwort ist richtig.

4. Welche Bedeutung hat die Abkürzung „StPO"?
a) Strafpolizeiordnung
b) Steuerpolizeiordnung
c) Strafprozessordnung
d) Straßenverkehrsordnung
e) Staatspolizeiorganisation

5. Ab welchem Alter ist man grundsätzlich durch die Grundrechte geschützt?

a) Geburt
b) acht
c) 14
d) 21
e) 18

6. Welche Frage wirft der Begriff der Rechtsgeltung auf?
a) die Frage der Wiedergutmachung durch Gesetze
b) die Frage nach der Gültigkeit von Gesetzen
c) die Frage nach der Verurteilung aufgrund von Gesetzen

7. Welches Gericht wird grundsätzlich bei Streitigkeiten auf dem Gebiet des öffentlichen Rechts angerufen?
a) Zivilgericht
b) Verwaltungsgericht
c) Keine Antwort ist richtig.
d) Schiedsgericht
e) Strafgericht

8. Ein Kaufvertrag verpflichtet den Verkäufer zur …
a) Rechnungstellung.
b) Begleichung des Kaufpreises.
c) Aushändigung eines Lieferscheins.
d) Übergabe der Kaufsache.

9. Welche der folgenden Tatbestände beschreibt eine Körperverletzung?
a) auf die Schulter klopfen
b) das Abschneiden der Haare im Schlaf
c) im Schulunterricht andere SchülerInnen mit Papierkügelchen
bewerfen
d) angewiderter Blick

10. Was bedeutet die Gewaltenteilung?
a) historischer Begriff für eine Militärdiktatur
b) Mittel zur Machtbegrenzung und Sicherung von Freiheit und Gleichheit
c) Gesetz, das jedem Bundesbürger untersagt, alleine Gewalt anzuwenden
d) Prinzip, nach dem Polizeibeamte bei gewalttätigen Eingriffen vorgehen müssen

11. Wo hat der Europäische Gerichtshof für Menschenrechte
seinen Sitz?
a) Den Haag
b) Straßburg
c) Brüssel
d) Luxemburg

12. Was besagt der sogenannte „Taschengeldparagraph"?
a) Minderjährigen ist ein Taschengeld von den Eltern zu gewähren.
b) Keine Antwort ist richtig.
c) Minderjährige können Taschengeld vom Staat verlangen.
d) Grundsätzlich muss kein Taschengeld bezahlt werden.
e) Ein Minderjähriger kann grundsätzlich mit seinem Taschengeld einen wirksamen Vertrag schließen.

13. Was ist ein positives Recht?
a) ein Gesetz, das negative Auswirkungen hat
b) ein vom Menschen gesetztes Recht
c) ein von der Natur gesetztes Recht
d) ein Gesetz, das positive Auswirkungen hat

14. Was ist soziologisch gesehen keine Funktion eines funktionierenden Rechtssystems?
a) Gerechtigkeit
b) Frieden
c) Freiheit
d) Kontrolle

15. Mit welchem Alter gilt man in Deutschland als unbeschränkt geschäftsfähig im Sinne des Bürgerlichen Gesetzbuches?
a) mit Vollendung der Geburt
b) mit 14 Jahren
c) mit sieben Jahren

d) mit 18 Jahren

e) mit 21 Jahren

16. Die Polizei ist Teil der ...

a) Judikative.

b) Exekutive.

c) Legislative.

17. Wer oder was wird auch als „Hüter der Verfassung" bezeichnet?

a) Bundeskriminalamt

b) Bundespräsident

c) Bundesrat

d) Bundeskanzler

e) Bundesverfassungsgericht

18. Wann trat das Grundgesetz der Bundesrepublik Deutschland in Kraft?

a) 23.05.1949

b) 17.08.1945

c) 01.01.1990

d) 01.01.1946

19. Wie bezeichnet man das Gegenteil von absolutem Recht?

a) finales Recht

b) ungefähres Recht

c) relatives Recht

d) fiktives Recht

20. Wie heißt die Personifikation der Gerechtigkeit?

a) Minerva

b) Justitia

c) Diana

d) Juno

21. Welche Bedeutung hat die Abkürzung „AGB"?

a) allgemeine Gewerkschaft Berlin

b) Arbeitsgemeinschaft der Behörden

c) Archiv für Geschichte des Buchwesens

d) allgemeine Geschäftsbedingungen

22. Wann erlischt das Urheberrecht?

a) 50 Jahre nach der Veröffentlichung

b) 30 Jahre nach der Veröffentlichung

c) 70 Jahre nach dem Tod des Urhebers/der Urheberin

d) 50 Jahre nach dem Tod des Urhebers/der Urheberin

23. Was versteht man unter einer Konventionalstrafe?

a) richterliche Strafe

b) Vertragsstrafe

c) Verzugszins

d) Freiheitsstrafe

24. Welche der folgenden Kategorien gehört nicht zum öffentlichen Recht?

a) Steuerrecht

b) Urheberrecht

c) Sozialrecht

d) Verwaltungsrecht

25. Ein/e Notar/in ist zuständig für ...?
a) Strafverteidigungen.
b) arbeitsgerichtliche Verfahren.
c) Beurkundungen.
d) Klagen vor dem Oberverwaltungsgericht.

26. Wie nennt man den obersten Beamten der Staatsanwaltschaft beim Bundesgerichtshof?
a) Staatsoberanwalt
b) Generalbevollmächtigter
c) Staatssekretär
d) Generalbundesanwalt

27. Was steht in Artikel 1, Abs. 1 des Deutschen Grundgesetzes?
a) die Meinungsfreiheit
b) die Unantastbarkeit der Würde des Menschen
c) das Recht auf Bildung
d) die Versammlungsfreiheit

28. Bei welchem Recht handelt es sich um kein Grundrecht nach dem Deutschen Grundgesetz?
a) Versammlungsfreiheit
b) Asylrecht
c) das Recht, CDs und DVDs für private Zwecke zu kopieren
d) Unverletzlichkeit der Wohnung

Lösungen: Recht

1. b)	11. b)	21. d)
2. a)	12. e)	22. c)
3. c)	13. b)	23. b)
4. c)	14. a)	24. b)
5. a)	15. d)	25. c)
6. b)	16. b)	26. d)
7. b)	17. e)	27. b)
8. d)	18. a)	28. c)
9. b)	19. c)	
10. b)	20. b)	

Politik und Gesellschaft

1. Der Bundesrat ...
a) hat die Ablösung der Regierung als Ziel.
b) hat eine Gesetzgebungsfunktion.
c) besteht aus Bundestagsabgeordneten.
d) vertritt die Bundesländer im Bund.

2. Aus welchem Land kamen die ersten Gastarbeiter/innen in die Bundesrepublik Deutschland?
a) Italien
b) Spanien
c) Portugal
d) Türkei

3. Volkssouveränität bedeutet,
a) wichtige Beschlüsse kommen durch einen Volksentscheid zustande.
b) die Würde des Volkes ist unantastbar.
c) die Staatsgrenzen dürfen von anderen Völkern nicht verletzt werden.
d) alle Gewalt geht vom Volk aus.

4. Wie heißt die Wirtschaftsordnung der Bundesrepublik Deutschland?
a) freie Zentralwirtschaft
b) soziale Planwirtschaft
c) soziale Marktwirtschaft
d) freie Marktwirtschaft

5. Wofür steht die Abkürzung NATO?
a) North Atlantic Treaty Organization
b) North American Tactical Operations
c) North Atlantic Trade Organization
d) North American Trade Organization

6. Wer war Begründer der modernen Evolutionstheorie?
a) Jean-Baptiste de Lamarck
b) Francis Crick
c) Gregor Mendel
d) Charles Robert Darwin

7. Welcher Partei gehörte der erste Bundespräsident der Bundesrepublik Deutschland an?
a) CSU
b) CDU
c) FDP
d) SPD

8. Was besagt das Schengener Abkommen?
a) Teil der Verfassung der Europäischen Union
b) Aufhebung der Zoll- und Grenzkontrollen zwischen Ländern

c) Abkommen, das alle Mitglieder der Europäischen Union unterschreiben müssen

d) Verordnung der Europäischen Kommission zur Vereinheitlichung der Grenzübergänge

9. Wer ist oberste/r Dienstherr/in der Polizei in einem Bundesland?

a) Justizminister/in
b) Innenminister/in
c) Kultusminister/in
d) Finanzminister/in

10. Wer wählt den/die Bundeskanzler/in?

a) Bundestag
b) Volk
c) Bundesrat
d) Bundespräsident/in

11. Ab welchem Alter dürfen deutsche Staatsbürger bei der Bundestagswahl wählen?

a) 18 Jahre
b) 14 Jahre
c) 21 Jahre
d) 16 Jahre

12. In Deutschland gibt es keinen Vizepräsidenten. Wer muss die Vertretung übernehmen, falls der/die Bundespräsident/in verhindert ist?

a) der/die Bundesratspräsident/in
b) ein vom/von der Bundespräsidenten/in bestellte/r Vertreter/in

c) der/die Zweitgereihte der letzten Wahl
d) der/die Bundeskanzler/in

13. Die Anzahl der Stimmen eines Bundeslandes im Bundesrat hängt ab von ...

a) der Gesamtzahl der Stimmen.
b) der Fläche des Bundeslandes.
c) der Einwohnerzahl des Bundeslandes
d) der Wahlbeteiligung der Bürger im jeweiligen Bundesland.

14. Von wem stammt der Text der deutschen Nationalhymne?

a) Johann Wolfgang von Goethe
b) Ludwig van Beethoven
c) Friedrich Schiller
d) August Heinrich Hoffmann von Fallersleben

15. Was bedeutet Demokratie wörtlich?

a) Herrschaft der Regierung
b) Herrschaft des Volkes
c) Herrschaft der Mehrheit
d) Herrschaft der Menschen

16. Die Richter des Bundesverfassungsgerichts werden ...

a) Keine Antwort ist richtig.
b) vom/von der Bundespräsidenten/in und vom Bundestag gewählt.
c) vom Bundestag und vom

Bundesrat gewählt.
d) vom Volk gewählt.

17. Wie setzt sich die deutsche Bundesregierung zusammen?
a) Kanzler/in und Bundesminister/innen
b) Kanzler/in und Bundespräsident/in
c) Bundestag und Bundesrat
d) Bundesrat und Bundespräsident/in

18. Wer hat keine Befugnis, einen Gesetzesentwurf einzubringen?
a) Bundestag
b) Bundespräsident/in
c) Bundesrat
d) Bundesregierung

19. Wie viele deutsche Bundesländer gibt es?
a) 15
b) 16
c) 22
d) 11

20. Wie heißt die Zusammenarbeit von Parteien zur Bildung einer Regierung?
a) Koalition
b) Ministerium
c) Fraktion
d) Koordination

21. Wie wird das deutsche Regierungssystem bezeichnet?
a) konstitutionelle Monarchie
b) parlamentarische Demokratie

c) Präsidialregime
d) Militärdiktatur

22. Wer war im Jahr 2016 Präsident der Europäischen Kommission?
a) Herman Van Rompuy
b) Martin Schulz
c) Jean-Claude Juncker
d) José Manuel Barroso

23. Welches Land hatte im Jahr 2016 keinen Status als Beitrittskandidat der Europäischen Union?
a) Türkei
b) Ukraine
c) Serbien
d) Albanien

24. Wie hieß der erste Bundespräsident der Bundesrepublik Deutschland?
a) Richard von Weizsäcker
b) Roman Herzog
c) Theodor Heuss
d) Gustav Heinemann

25. Mit welchem Politiker war die britische Premierministerin Margaret Thatcher eng befreundet?
a) Ronald Reagan
b) Helmut Kohl
c) Michail Gorbatschow
d) Winston Churchill

26. Welche Maximalsumme erhalten die Parteien insgesamt jährlich aus staatlichen Zuwendungen?
a) 31 Millionen Euro
b) 63 Millionen Euro
c) 133 Millionen Euro
d) 280 Millionen Euro

27. Was versteht man unter einem „passiven Wahlrecht"?
a) Ausschluss vom Wahlrecht
b) das eigene Wahlrecht durch eine Vertrauensperson ausüben zu lassen
c) per Briefwahl wählen zu können
d) das Recht, bei einer Wahl selbst gewählt zu werden

28. Welche regelmäßigen Massenproteste in der DDR gingen der deutschen Wiedervereinigung voraus?
a) Frühjahrsproteste
b) Montagsdemonstrationen
c) Freitagsbewegung
d) Ostermärsche

29. Welche Tageszeitung hat in Deutschland die höchste Auflage?
a) Süddeutsche Zeitung
b) Frankfurter Allgemeine Zeitung
c) Bild
d) Die Welt

30. Wer war kein deutscher Bundeskanzler?
a) Willy Brandt
b) Walter Scheel
c) Helmut Kohl
d) Gerhard Schröder

31. Wie viele Sterne hat die Europaflagge?
a) 9
b) 12
c) 17
d) 20

32. Wie heißt das Verfahren, das seit 2009 die Verteilung der Mandate nach der Bundestagswahl berechnet?
a) d'Hondt
b) Holl-Neuberger
c) Sainte-Laguë
d) Hare-Niemeyer

33. Seit wann hat Deutschland eine eigene Armee, die heutige Bundeswehr?
a) 1949
b) 1955
c) 1968
d) 1980

34. Welcher Philosoph hatte maßgeblichen Einfluss auf die Verfassung liberaler Staaten?
a) John Locke
b) Jean-Jacques Rousseau
c) Thomas Hobbes
d) Georg Wilhelm Friedrich Hegel

Lösungen: Politik und Gesellschaft

1. d)	13. c)	25. a)
2. a)	14. d)	26. c)
3. d)	15. b)	27. d)
4. c)	16. c)	28. b)
5. a)	17. a)	29. c)
6. d)	18. b)	30. b)
7. c)	19. b)	31. b)
8. b)	20. a)	32. c)
9. b)	21. b)	33. b)
10. a)	22. c)	34. a)
11. a)	23. b)	
12. a)	24. c)	

Wirtschaft

1. Wie wird ein Rabatt auf den Rechnungspreis genannt, welcher bei Zahlung innerhalb einer bestimmten Zahlungsfrist gewährt wird?
a) Agio
b) Storno
c) Skonto
d) Just in Time Rabatt

2. Das ökonomische Prinzip besagt, dass …
a) alle Mittel vernünftig eingesetzt werden müssen, aufgrund von Güterknappheit.
b) wir mit gegebenen Mitteln das größtmögliche Ergebnis erzielen müssen.
c) wir mit minimalen Mitteln das vorgegeben Ziel erfüllen müssen.
d) wir das maximale Ergebnis mit minimalen Mitteln erzielen sollen.

3. Eine Hypothek ist nichts anderes als …
a) ein sehr hoher Scheck.
b) ein Zahlungsversprechen.
c) eine Tilgungsrate.
d) eine Sicherheit bei Darlehen für Immobilien.

4. Eine Handelsvollmacht mit Rechten und Pflichten bezeichnet man als …
a) Validität.
b) Satura.

c) Magister.
d) Prokura.

5. Subventionen sind eine Form von …
a) indirekten Steuern.
b) Schutzzöllen.
c) Investitionsabgaben für Unternehmen.
d) staatlichen Zuschüssen.

6. Als Sozialprodukt bezeichnen wir …
a) eine gesamtwirtschaftliche Größe der produzierten Sachgüter und Dienstleistungen in einem Jahr.
b) alle Sozialleistungen sowie Ausgaben des Staates und der Haushalte in einer Periode.
c) alle Wertschöpfungsprozesse in einem Unternehmen.
d) Güter und Dienstleistungen, die von Unternehmen den Haushalten zur Verfügung gestellt werden.

7. Das gegensätzliche Wirtschaftssystem zur Planwirtschaft ist die …
a) Zentralverwaltungswirtschaft.
b) soziale Marktwirtschaft.
c) sozialistische Marktwirtschaft.
d) freie Marktwirtschaft.

8. Welcher CDU-Politiker, der von 1949 bis 1963 das Bundeswirtschaftsministerium leitete, wurde als „Vater des Wirtschaftswunders" berühmt?
a) Ludwig Erhard
b) Konrad Adenauer
c) Kurt Georg Kiesinger
d) Willy Brandt

9. Was löste der New Yorker Börsencrash Ende Oktober 1929 aus?
a) eine Weltwirtschaftskrise
b) einen Zusammenbruch des Tulpenmarktes
c) Das Aufstreben der Nazis in Deutschland
d) Neuwahlen in den USA

10. Was ist unter der Liquidität eines Unternehmens zu verstehen?
a) das Barvermögen
b) Einnahmen des Unternehmens
c) die Kreditwürdigkeit
d) die Zahlungsfähigkeit des Unternehmens

11. In welchem europäischen Staat war 2017 die Wirtschaftskraft pro Kopf am höchsten?
a) Schweden
b) Norwegen
c) Luxemburg
d) Deutschland

12. Welches sind die wichtigsten Einnahmequellen öffentlicher Haushalte?
a) Sozialabgaben und Steuern
b) Spenden
c) Bußgelder
d) Gebühren

13. Welche Länder waren die zwei wichtigsten Handelspartner der Europäischen Union im Jahr 2016?
a) China, USA
b) Indien, Brasilien
c) Schweiz, Norwegen
d) Russland, Saudi-Arabien

14. Wofür lassen sich in der Regel hohe Renditen erwirtschaften?
a) hohe Anlagebeträge
b) lange Investitionszeiten
c) hohe Risiken
d) hohe Gebühren

15. Insolvenz bedeutet, dass ein Unternehmen ...
a) zahlungsunfähig ist.
b) verkauft worden ist.
c) kreditwürdig ist.
d) gegen Regulierungen verstoßen hat.

16. Welche ist die häufigste Unternehmensform in Deutschland?
a) Einzelunternehmen
b) GmbH
c) AG
d) KG

17. Wo befindet sich der Sitz der Europäischen Zentralbank?
a) Frankfurt am Main
b) Brüssel
c) Den Haag
d) Straßburg

18. Welche Aufgabe hat der Leitzinssatz?
a) Er ist das zentrale Element zur Steuerung der Geldpolitik.
b) Damit kann der/die Konsument/in Kreditangebote von Banken vergleichen.
c) Er dient der Finanzierung des Europäischen Stabilitätsmechanismus.
d) Er regelt die Ausschüttung von Renditen.

19. Was versteht man unter Derivaten?
a) festverzinsliche Wertpapiere
b) Finanzinstrumente
c) inländische Geldscheine
d) Anleiheformen

20. Wer gilt als Schöpfer des World Wide Web „www"?
a) Mark Zuckerberg
b) Steve Jobs
c) Tim Berners-Lee
d) Bill Gates

21. Welche Staaten gehören dem Freihandelsabkommen NAFTA an?
a) USA, Mexiko und Kanada
b) China, Russland und USA
c) USA, Kanada und EU

d) Russland, USA und Deutschland

22. Wie nennt man fallende Kurse an der Börse?
a) Hausse
b) Ground
c) Down
d) Baisse

23. Wie heißt der Index, der die Aktien mittelgroßer deutscher Unternehmen zusammenfasst?
a) DAX
b) MDAX
c) XETRA
d) NEMAX

24. Welche Institution regelt Handelskonflikte der EU mit den USA?
a) NATO
b) OPEC
c) WTO
d) UN

25. Welches Tarifmodell gilt bei der Einkommenssteuer?
a) Stufenmodell
b) regressives Modell
c) progressives Modell
d) proportionales Modell

26. In welcher Stadt befindet sich das Bundeskartellamt?
a) Bonn
b) Frankfurt am Main
c) München
d) Berlin

27. Wird der Markt von nur einem Anbieter oder Nachfrager be-
herrscht, nennt man dies ...?
a) Kartell
b) Monopol
c) Oligopol
d) Oligarchie

Lösungen: Wirtschaft

1. c)	10. d)	19. b)
2. a)	11. c)	20. c)
3. d)	12. a)	21. a)
4. d)	13. a)	22. d)
5. d)	14. c)	23. b)
6. a)	15. a)	24. c)
7. d)	16. a)	25. c)
8. a)	17. a)	26. a)
9. a)	18. a)	27. b)

Geografie

1. Welches Land ist flächenmäßig das zweitgrößte Land der
Welt?
a) China
b) Australien
c) Kanada
d) USA

2. Die Hauptstadt von Island
heißt ...
a) Helsinki.
b) Dublin.
c) Färöer.
d) Reykjavík.

3. Wo befindet sich der Suez-
kanal?
a) Panama
b) Israel
c) Papua-Neuguinea
d) Ägypten

4. In welchem lateinamerikani-
schen Land ist Spanisch NICHT
die Amtssprache?
a) Argentinien
b) Brasilien
c) Chile
d) Ecuador

5. Wie heißt die Hauptstadt
von Ghana?
a) Kairo
b) Accra
c) Antananarivo
d) Mombasa

6. Welches ist das kleinste
Land in Europa?
a) Liechtenstein
b) Vatikanstadt
c) Monaco
d) San Marino

7. In welchem US-Bundesstaat
befindet sich das Silicon Val-
ley?
a) Kalifornien
b) Florida
c) New York
d) Washington

8. Welcher Kontinent der Welt
ist der bevölkerungsreichste
und zugleich auch flächenmäßig der Größte?
a) Asien
b) Australien
c) Amerika
d) Afrika

9. Welcher ist der höchste
Berg Europas?
a) Mont Blanc
b) Zugspitze
c) Dufourspitze
d) Großglockner

10. Welcher ist der längste
Fluss, der komplett auf franzö-
sischem Boden verläuft?
a) Seine
b) Loire
c) Garonne
d) Marne

11. Welches Land ist flächenmäßig das größte der Welt?
a) China
b) Australien
c) Russland
d) USA

12. Welche sind sämtliche
Nachbarländer, mit denen die
Bundesrepublik Deutschland
eine Landgrenze teilt?
a) Dänemark, Polen, Tschechische Republik, Österreich,
Schweiz, Frankreich, Luxemburg, Belgien, Niederlande
b) Dänemark, Polen, Tschechische Republik, Slowakei,
Schweiz, Fürstentum Liechtenstein, Frankreich, Luxemburg,
Niederlande
c) Dänemark, Schweden, Polen, Tschechische Republik, Österreich, Schweiz, Frankreich,
Luxemburg, Belgien
d) Dänemark, Polen, Russland,
Tschechische Republik, Österreich, Schweiz, Frankreich, Belgien, Niederlande

13. Welches der folgenden
Länder hat die meisten Einwohner?
a) Indonesien
b) Indien
c) USA
d) Brasilien

14. Welche Fläche hat
Deutschland?
a) etwa 420.000 km²

b) etwa 210.000 km²
c) etwa 500.000 km²
d) etwa 360.000 km²

15. Wie heißt die Hauptstadt
von Argentinien?
a) Bogotá
b) São Paulo
c) Buenos Aires
d) Salvador da Bahia

16. Wie heißt die Hauptstadt
von Indien?
a) Neu-Delhi
b) Kolkata (Kalkutta)
c) Mumbai (Bombay)
d) Bangalore

17. Welche Metropolregion
hat die meisten Einwohner?
a) New York
b) Tokio
c) Jakarta
d) Shanghai
e) Mexiko-Stadt

18. Welcher Ozean ist flächenmäßig der größte?
a) Pazifischer Ozean
b) Atlantischer Ozean
c) Indischer Ozean
d) Arktischer Ozean
e) Antarktischer Ozean

19. Welche Stadt ist die Hauptstadt von Serbien?
a) Skopje
b) Belgrad
c) Sarajevo
d) Pristina
e) Ljubljana

20. Die Atmosphäre ist in mehrere Schichten aufgeteilt. Bis zu welcher Höhe spricht man von der Troposphäre?
a) 50 bis 100 Kilometer
b) 0 bis 15 Kilometer
c) 15 bis 50 Kilometer
d) 100 bis 500 Kilometer

21. Welcher See ist der größte der Erde?
a) Kaspisches Meer
b) Victoriasee
c) Baikalsee
d) Michigansee

22. Welches Land gehört nicht zum südostasiatischen wirtschaftlichen und politischen supranationalen Verbund ASEAN (Association of Southeast Asian Nations), der manchmal als südostasiatisches Gegenstück zur Europäischen Union bezeichnet wird?
a) Volksrepublik China
b) Indonesien
c) Thailand
d) Philippinen

23. An welchem Fluss liegt die Stadt Budapest?
a) Oder
b) Moldau
c) Weichsel
d) Donau

24. Wo liegt die Insel Madagaskar?
a) im Pazifik
b) im Indischen Ozean
c) im Atlantik
d) im Japanischen Meer

25. Welchem Staat ist die richtige Hauptstadt zugeordnet?
a) Spanien / Barcelona
b) Kolumbien / Medellín
c) Kanada / Ottawa
d) Brasilien / Rio de Janeiro

26. Zu welchem Staat gehören die Azoren?
a) Niederlande
b) Portugal
c) Frankreich
d) Spanien

27. Österreich ist wie Deutschland eine Bundesrepublik und ein föderaler Staat, der aus Bundesländern besteht. Wie viele Bundesländer gibt es in Österreich?
a) 16
b) 5
c) 9
d)11

28. Welche Stadt in den USA hat die meisten Einwohner?
a) New York City
b) Chicago
c) Los Angeles
d) Philadelphia

29. Welcher Fluss ist der längste der Erde?
a) Amazonas
b) Nil
c) Jangtsekiang
d) Mississippi

30. Wie heißt die Insel, auf der Tokio liegt?
a) Honshu
b) Hokkaido
c) Shikoku
d) Fukuoka

31. Wie heißt der berühmte Berg bei Kapstadt?
a) Zuckerhut
b) Moco
c) Tafelberg
d) Mont Blanc

32. In welches Gewässer mündet der Mississippi?
a) Atlantik
b) Golf von Mexiko
c) Golf von Maine
d) Michigansee

33. Der Umfang des Äquators beträgt wie viele Kilometer?
a) rund 50.000 Kilometer
b) rund 30.000 Kilometer
c) rund 25.000 Kilometer
d) rund 40.000 Kilometer

34. Derna ist eine Hafenstadt in ...?
a) Tunesien
b) Ägypten
c) Libyen
d) Saudi-Arabien

Lösungen: Geografie

1. c)	13. b)	25. c)
2. d)	14. d)	26. b)
3. d)	15. c)	27. c)
4. b)	16. a)	28. a)
5. b)	17. b)	29. b)
6. b)	18. a)	30. a)
7. a)	19. b)	31. c)
8. a)	20. b)	32. b)
9. a)	21. a)	33. d)
10. b)	22. a)	34. c)
11. c)	23. d)	
12. a)	24. b)	

Interkulturelles Wissen

1. Die häufigste Infektions-
krankheit der Welt ist ...
a) Aids.
b) Malaria.
c) die Grippe.
d) Tuberkulose.

2. Der sogenannte Schalttag
fällt immer auf das Datum ...
a) 31. Januar.
b) 31. April.
c) 29. Februar.
d) 31. Juni.

3. Wobei handelt es sich um
ein Notsignal im internationalen Funkverkehr?
a) Mayday
b) Down Town
c) Jetset
d) Flower-Power

4. Was haben viele Menschen
– völlig unabhängig von ihren
finanziellen Verhältnissen?
a) Fax-Sparbuch
b) SMS-Zinsen
c) Twitter-Darlehen
d) E-Mail-Konto

5. In welchem Land leben die
meisten Vegetarier?
a) Deutschland
b) Japan
c) Angola
d) Indien

6. Was bezeichnet der Begriff
Polytheismus?
a) das genaue Befolgen religiö-
ser Ernährungs- und Kleidungs-
vorschriften
b) das Darbringen von Tierop-
fern in religiösen Kontexten
c) die Verehrung einer Vielzahl
von Göttern
d) den Glauben an die ewige
Wiederkehr des Gleichen

7. Welche Sprache hat die
meisten Muttersprachler?
a) Spanisch
b) Englisch
c) Mandarin (Hochchinesisch)
d) Hindi
e) Arabisch

8. Der sogenannte Arabische
Frühling begann in ...
a) Tunesien.
b) Maghreb.
c) Libyen.
d) Syrien.

9. Wofür steht der Ramadan?
a) für einen altägyptischen Kö-
nig
b) für den indischen National-
feiertag
c) für den Fastenmonat der
Muslime
d) für ein asiatisches Volksfest

10. In welchem Land befindet sich der größte Tempelkomplex der Welt, Angkor Wat?
a) Kambodscha
b) Thailand
c) Vietnam
d) Bangladesch

11. Welcher Religion ordnet man den Begriff des Nirvanas zu?
a) Islam
b) Hinduismus
c) Buddhismus
d) Shintō

12. Welches jüdische Fest erinnert an den Auszug der Juden aus Ägypten?
a) Pessach
b) Jom Kippur
c) Chanukka
d) Hoschana Rabba

13. In welchem Land befindet sich die muslimische Pilgerstadt Mekka?
a) Saudi-Arabien
b) Iran
c) Türkei
d) Vereinigte Arabische Emirate

14. Wie groß wird die Weltbevölkerung laut Schätzungen im Jahr 2030 sein?
a) etwa achteinhalb Milliarden
b) etwa acht Milliarden
c) etwa neun Milliarden
d) etwa neuneinhalb Milliarden

15. Wie heißt der brasilianische Kampftanz, den ursprünglich afrikanische Sklaven im Lande praktizierten und der noch heute, weiterentwickelt, als akrobatische Kampfkunst ausgeübt wird?
a) Maculelê
b) Capoeira
c) Baile de la Conquista
d) Moringue

16. Wie heißt die keltische Sprache, die in manchen Gebieten Schottlands, vor allem auf den Hebriden-Inseln und im Westen der Highlands, noch heute als Alltagssprache gebräuchlich ist?
a) Galatisch
b) Walisisch
c) Bretonisch
d) Gälisch

17. Aus welchem Land stammte die Chemikerin und Physikerin Marie Curie ursprünglich?
a) Norwegen
b) Polen
c) Deutschland
d) Frankreich

18. Wie heißt in der antiken römischen Mythologie der Gott des Handels?
a) Apollo
b) Mars
c) Merkur
d) Neptun

19. Für welches alljährliche Ritual ist die baskische Stadt Pamplona bekannt?
a) Karnevalsumzug
b) Tomatenschlacht
c) Musikfestival
d) Stierlauf

20. Wodurch zeichnet sich ein Stoiker aus?
a) Egoismus
b) Gelassenheit
c) Niedergeschlagenheit
d) Humor

21. In welchem Jahr verfasste Martin Luther seine 95 Thesen, die die Reformation auslösten?
a) 1517
b) 1418
c) 1483
d) 1617

22. Wie heißt ein japanisches Bühnenspiel?
a) Kimono
b) Sake
c) Kabuki
d) Sushi

23. Wie viele Frauen wurden bislang mit dem Nobelpreis für Physik ausgezeichnet?
a) keine
b) eine
c) zwei
d) drei

24. Wen beschützt die Schweizergarde?
a) den Papst im Vatikan
b) die Staatsgrenzen der Schweiz
c) den Bundespräsidenten der Schweiz
d) den Petersdom in Rom

25. Aus welcher Pflanzenblüte gewinnt man Safran, eines der teuersten Gewürze der Welt?
a) aus Krokuspflanzen
b) aus Mohn
c) aus Orchideenblüten
d) aus Kakteenblüten

26. Wie heißt in der griechischen Mythologie die Ehefrau von Göttervater Zeus?
a) Athene
b) Aphrodite
c) Artemis
d) Hera

27. Was erforscht ein Paläontologe?
a) Fossilien
b) menschliche Frühgeschichte
c) antike Architektur
d) Meerestiere

28. Was bezeichnet man als Talmud?
a) einen religiösen Feiertag
b) ein jüdisches Schriftwerk
c) ein arabisches Gericht
d) ein orientalisches Gewand

29. Was versteht man unter einer Pinakothek?
a) eine Gemäldesammlung
b) eine Sammlung alter Bücher

c) eine Sammlung alter Weine

d) eine Briefmarkensammlung

30. In welcher Stadt befindet sich kein wichtiges Pilgerziel für Muslime?
a) Mekka
b) Kairo

c) Medina

d) Marrakesch

31. Welche antike Stadt entdeckte Heinrich Schliemann?
a) Samaria
b) Ephesos
c) Knossos
d) Troja

Lösungen: Interkulturelles Wissen

1. c)	12. a)	23. c)
2. c)	13. a)	24. a)
3. a)	14. a)	25. a)
4. d)	15. b)	26. d)
5. d)	16. d)	27. a)
6. c)	17. b)	28. b)
7. c)	18. c)	29. a)
8. a)	19. d)	30. d)
9. c)	20. b)	31. d)
10. a)	21. a)	
11. c)	22. c)	

Kunst, Literatur und Musik

1. „Die Botschaft hör ich wohl, allein mir fehlt der ...“?
a) Beweis.
b) Vaterschaftstest.
c) Absender.
d) Glaube.

2. Das Mondrian-Kleid wurde vom Designer ... entworfen.
a) Wolfgang Joop
b) Yves Saint Laurent
c) Christian Dior
d) Tom Ford

3. „Der Turm der blauen Pferde“ ist ein berühmtes Gemälde
von ...
a) Pablo Picasso.
b) Franz Marc.
c) Claude Monet.
d) Gustav Klimt.

4. Welcher Kunstrichtung gehörte der Maler Claude Monet an?
a) Barock
b) Gotik
c) Surrealismus
d) Impressionismus

5. Welcher Maler schuf mit dem Gemälde „Guernica“ die erste Anklage gegen den Luftkrieg?
a) Marc Chagall
b) Joan Miró
c) Pablo Picasso
d) Salvador Dalí

6. In welcher Stadt finden die Festspiele zu Ehren des Komponisten Richard Wagner statt?
a) Bayreuth
b) Bamberg
c) München
d) Nürnberg

7. Welcher Komponist erschuf die Oper „Rigoletto“?
a) Wolfgang Amadeus Mozart
b) Richard Strauss
c) Giuseppe Verdi
d) Richard Wagner

8. Wer wurde als der „King of Pop“ bezeichnet?
a) Elvis Presley
b) Mick Jagger
c) Michael Jackson
d) Bob Dylan

9. Welcher amerikanische Autor schrieb „Der alte Mann und das Meer“?
a) Gary Larson
b) Ernest Hemingway
c) Charles Bukowski
d) Jerry Cotton

10. Welche dieser Personen der deutschen Literatur erhielt einen Nobelpreis?
a) Heinrich Böll
b) Hape Kerkeling
c) Alice Schwarzer
d) Martin Walser

11. Wer ist in den Erzählungen von Sir Arthur Conan Doyle der Partner des Meisterdetektivs Sherlock Holmes?
a) Dr. Schiwago
b) Dr. Jekyll
c) Dr. Mabuse
d) Dr. Watson

12. Welches der folgenden Werke stammt von Thomas Mann?
a) Der Tod in Venedig
b) In unserer Zeit
c) Zärtlich ist die Nacht
d) Der Zauberlehrling

13. In welcher Stadt starb Wolfgang Amadeus Mozart 1791?
a) Wien
b) Salzburg
c) München
d) Graz

14. Was ist ein Merkmal des gregorianischen Chorals?
a) Einstimmigkeit
b) Monotonie
c) von Instrumenten begleitet
d) Polyphonie

15. Wer schrieb den Roman „Die unendliche Geschichte"?
a) Cornelia Funke
b) Michael Ende
c) Otfried Preußler
d) Paul Maar

16. Welcher berühmte Komponist litt unter vollständiger Taubheit?
a) Gustav Mahler
b) Richard Wagner
c) Johann Sebastian Bach
d) Ludwig van Beethoven

17. Welches ist kein Saiteninstrument?
a) Bratsche
b) Cello
c) Oboe
d) Kontrabass

18. Mit welchem Musikstück wurde Maurice Ravel einem breiten Publikum bekannt?
a) Boléro
b) Badinerie
c) Die Zauberflöte
d) Valse d'été

19. In welchem Land spielt die Oper „Aida"?
a) China
b) Ägypten
c) Italien
d) Frankreich

20. Welches ist kein Werk von Georg Büchner?
a) Leonce und Lena
b) Woyzeck
c) Maria Stuart
d) Danton

21. Wer malte das berühmte Ölgemälde „Das Mädchen mit dem Perlenohrgehänge"?
a) Jan Vermeer
b) Auguste Renoir
c) Michelangelo
d) Peter Paul Rubens

22. Wie lautet der Fachbegriff, wenn ein Kunstwerk in einem älteren Zustand wiederhergestellt wird?
a) Renovierung
b) Restaurierung
c) Restauration
d) Retaliation

23. Juergen Teller ist ein deutscher …
a) Architekt.
b) Schriftsteller.
c) Maler.
d) Fotograf.

24. Die Künstler Andy Warhol und Roy Liechtenstein sind Vertreter welcher Kunstrichtung?
a) Expressionismus
b) Konstruktivismus
c) Pop Art
d) Surrealismus

25. In welchem Stil ist die Kathedrale Notre Dame in Paris gebaut?
a) Barock
b) Gotik
c) Romanik
d) Renaissance

26. Wer war Edith Piaf?
a) innovative französische Modeschöpferin
b) schweizerische Begründerin der Sozialpädagogik um 1924
c) populäre französische Chansonsängerin
d) französische Philosophin, verheiratet mit Jean-Paul Sartre

27. Wer schrieb die Novelle „Der Schimmelreiter"?
a) Theodor Fontane
b) Heinrich Böll
c) Hermann Hesse
d) Theodor Storm

28. In welcher Stadt wird jedes Jahr der Deutsche Buchpreis verliehen?
a) Berlin
b) Frankfurt am Main
c) München
d) Leipzig

29. Welche Popgruppe feierte mit „Waterloo" den internationalen Durchbruch?
a) ABBA
b) Bee Gees
c) The Who
d) Beatles

30. Wer schrieb den Jugendroman „Die Wolke"?
a) Wolfgang Herrndorf
b) Christine Nöstlinger
c) Ottfried Preußler
d) Gudrun Pausewang

31. Welcher Maler wurde hauptsächlich durch seine Bildmotive aus der Südsee bekannt?
a) Claude Monet
b) Emil Nolde
c) Paul Gauguin
d) Vincent van Gogh

32. Wer war Käthe Kollwitz?
a) deutsche Grafikerin, Malerin und Bildhauerin
b) Frauenrechtlerin aus der Schweiz
c) deutsche Widerstandskämpferin während der NS-Diktatur
d) österreichische Schriftstellerin im Expressionismus

Lösungen: Kunst, Musik und Literatur

1. d)	12. a)	23. d)
2. b)	13. a)	24. c)
3. b)	14. a)	25. b)
4. d)	15. b)	26. c)
5. c)	16. d)	27. d)
6. a)	17. c)	28. b)
7. c)	18. a)	29. a)
8. c)	19. b)	30. d)
9. b)	20. c)	31. c)
10. a)	21. a)	32. a)
11. d)	22. b)	

Technik

1. Holz ist ein ...
a) Kernbrennstoff.
b) organischer Brennstoff.
c) fossiler Energieträger.
d) Keine Lösung ist richtig.

2. Welche Bezeichnung ist –
rein technisch betrachtet –
doppelt gemoppelt?
a) Schusswaffe
b) Trommelrevolver
c) Jagdgewehr
d) Sportpistole

3. Um Wechselspannung in
eine Gleichspannung umzuset-
zen, benutzt man ...
a) Pole.
b) Halbleiter.
c) Dioden.
d) Transistoren.

4. Welche Spannung liegt in
Deutschland im Normalfall an
Steckdosen an?
a) 320 V
b) 230 V
c) 500 V
d) 24 V

5. In welcher Einheit wird der
Widerstand gemessen?
a) Ohm
b) Volt
c) Ampere
d) Watt

6. Die kleinste Maßeinheit zur
Speicherung oder Übertragung
von Daten heißt ...
a) Byte.
b) Bit.
c) 1 KB.
d) 1 MB.

7. Quecksilber ist ein ...
a) flüssiges Metall.
b) Edelmetall.
c) besonders hartes Metall.
d) nicht-metallischer Werk-
stoff.

8. Bismut ist vor allem ...
a) ein Gemisch.
b) ein Metall.
c) eine Legierung.
d) ein Automodell.

9. Der Ursprung des heutigen
Internets liegt im Jahr 1969 in
der Entwicklung eines Netz-
werks namens ...
a) DATCOM.
b) LAMNET.
c) ARPANET.
d) ARGONET.

10. Die Bewegung von geladenen Teilchen (meist Elektronen) wird auch ...
a) Strom genannt.
b) Watt genannt.
c) Spannung genannt.
d) Volt genannt.

11. Ein Atom besteht aus einem Atomkern und aus einem Mantel zusammengesetzt aus
a) Neutronen.
b) Elektronen.
c) Protonen.
d) Atonen.

12. Wer hat das erste Gleitflugzeug erfunden?
a) Otto Lilienthal
b) Brüder Wright
c) Ferdinand Graf von Zeppelin
d) Octave Chanute

13. Welches Instrument dient zum Nachweis und zur Messung von radioaktiver Strahlung?
a) Golgi-Apparat
b) Photometer
c) Geigerzähler
d) Radiometer

14. Wer stellte 1905 die spezielle Relativitätstheorie auf?
a) Erwin Schrödinger
b) Otto Hahn
c) Albert Einstein
d) Werner Heisenberg

15. Für welches Gerät ist der US-Amerikaner Edwin Hubble Namensgeber?
a) ein Gerät zum Messen elektrischer Felder
b) ein Weltraumteleskop
c) ein Messgerät für polare Eismassen
d) ein Apparat speziell für die Tiefseeforschung

16. Wann wird elektrische Spannung zur Hochspannung?
a) über 1.000 Volt
b) über 10.000 Volt
c) über 20.000 Volt
d) über 100.000 Volt

17. Wer konstruierte das erste Düsenflugzeug?
a) Wernher von Braun
b) Willy Messerschmitt
c) Werner von Siemens
d) Ernst Heinkel

18. Welches Instrument verwendet man zum Messen des Luftdrucks?
a) Thermometer
b) Barometer
c) Semaphor
d) Nanometer

19. Was erfand Benjamin Franklin, einer der Gründerväter der Vereinigten Staaten von Amerika, unter anderem?
a) den Blitzableiter
b) das Mikroskop
c) die erste Glühbirne
d) den Hamburger

20. Welches sind keine elektromagnetischen Wellen?
a) Mikrowellen
b) Schallwellen
c) Radiowellen
d) Sonnenstrahlen

21. Welcher Planet ist am weitesten von der Sonne entfernt?
a) Uranus
b) Neptun
c) Mars
d) Saturn

22. Was speichert ein Kondensator?
a) Strom
b) Masse
c) Leistung
d) elektrische Ladung

23. Welches Bauteil ist bei Dieselmotoren, im Gegensatz zu Ottomotoren, überflüssig?
a) Zündkerze
b) Ölwanne
c) Verbrennungsraum
d) Nockenwelle

24. Was gibt die Oktanzahl an?
a) musikalisches Tonintervall
b) Sauerstoffbindungen pro Molekül
c) Klopffestigkeit von Kraftstoffen
d) geometrische Koordinaten einer Kugel

25. Weiches Wasser ist …
a) Wasser mit mittlerem Kalkgehalt.
b) Wasser ohne Kalkgehalt.
c) Wasser ohne Salze.
d) Wasser mit starkem Kalkgehalt.

26. Was ist ein Messinstrument für Erdbeben?
a) Ergometer
b) Hygrometer
c) Quadrometer
d) Seismograph

27. Wo wird die Braunsche Röhre verwendet?
a) Oszilloskop
b) Stereoanlage
c) Teleskop
d) Telefon

28. Wie nennt man die Maßzahl für die Konzentration von Wasserstoffionen in Lösungen?
a) U-Wert
b) pH-Wert
c) MAK-Wert
d) cw-Wert

29. Was ist die Einheit der Skala für die absolute Temperatur?
a) Kelvin
b) Celsius
c) Réaumur
d) Fahrenheit

30. Wie lang ist eine Seemeile?
a) 30,48 m
b) 254 m
c) 1.852 m
d) 91.440 m

Lösungen: Technik

1. b)	11. b)	21. b)
2. b)	12. a)	22. d)
3. c)	13. c)	23. a)
4. b)	14. c)	24. c)
5. a)	15. b)	25. b)
6. b)	16. a)	26. d)
7. a)	17. d)	27. a)
8. b)	18. b)	28. b)
9. c)	19. a)	29. a)
10. a)	20. b)	30. c)

IT und Elektrotechnik

IT-Grundkenntnisse gehören heute bei fast jedem Beruf dazu. Gerne stellen euch die Prüfer in dieser Disziplin auf die Probe. Außerdem solltest du dich mit den Grundlagen der Elektrotechnik beschäftigen. Hier sind zum Beispiel die Gebiete der Atome, Magnete, elektrische Felder und Grundlagen der Schaltungstechnik wesentlich.

1. Um was für eine Grundschaltung handelt es sich hier?

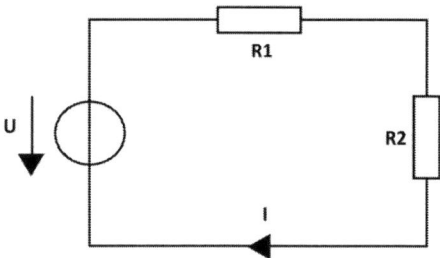

a) Parallelschaltung
b) Reihenschaltung
c) Zirkelschaltung
d) Einstein-Schaltung

2. Wie groß ist der Gesamtwiderstand bei der Schaltung aus Aufgabe 1, wenn R1 = 20 Ohm und R2 = 80 Ohm ist?
a) 100
b) 16
c) 2.080
d) 50

3. Der Gesamtwiderstand der Schaltung aus Aufgabe 1 beträgt nun 100 Ohm. Die Spannungsquelle liefert 10 V.

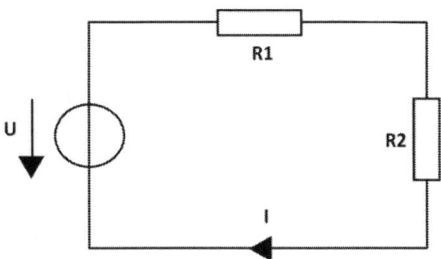

Welcher Strom fließt durch die Widerstände?
a) 0,01 A
b) 1 A
c) 1.000 A
d) 0,1 A

4. Zahlen und Programme sind gespeichert und dargestellt in …
a) Hexadezimalform.
b) Tertiärform.
c) Binärform.
d) Sedezimalform.

5. In welcher Einheit wird die Spannung angegeben?
a) Kilogramm
b) Ampere
c) Volt
d) Ohm

6. In welcher Einheit wird die elektrische Leistung gemessen?
a) Ampere
b) Volt
c) Ohm
d) Watt

7. Welche Netzfrequenz wird im Stromnetz in Mitteleuropa verwendet?
a) 10 Hz
b) 20 Hz
c) 40 Hz
d) 50 Hz

8. Wie lautet das Ohmsche Gesetz?
a) P = U × I
b) O = F × G
c) F = m × a
d) U = R × I

9. Was passiert, wenn der Widerstand einer Reihenschaltung erhöht wird (Wir gehen von einer Gleichspannungsquelle aus.)?
a) Der Strom verringert sich.
b) Der Strom wird größer.
c) Alle Einheiten bleiben gleich.
d) Der Stromfluss wird gestoppt.

10. Was passiert, wenn zwei Widerstände erst in Reihe geschaltet waren und nun parallel geschaltet werden?
a) Der Gesamtwiderstand erhöht sich.
b) Der Gesamtwiderstand verringert sich.
c) Der Gesamtwiderstand bleibt gleich.
d) Keine der Antworten ist richtig.

11. Ein Rechner besteht im Prinzip immer aus einer Zentraleinheit (CPU), Speicher und …
a) Prozessor.
b) Netzwerk.
c) Ein- und Ausgabeeinheit.
d) Tastatur.

12. Aus welchen Ziffern besteht das Dualsystem?
a) 1 und 2
b) 0 und 2
c) 0 und 1
d) 1 und 3

13. Wofür steht die Abkürzung HTML?
a) Hightemp Makro Language
b) Hype Transmission Language
c) High Text Mental Language
d) Hypertext Markup Language

14. Welches ist keine Programmiersprache?
a) C++
b) Amiga
c) Perl
d) Basic

15. Wofür steht die Abkürzung FAQ?
a) Frequently Asked Questions
b) Fast Asked Questions
c) Five Asked Questions
d) Freshly Answered Quotes

16. In welcher Firma wurde der Mikroprozessor erfunden?
a) Texas Instruments
b) AMD
c) Intel
d) IBM

17. Wer konstruierte 1941 mit der „Z3" den ersten frei programmier-
baren Computer?
a) Johann Carl Friedrich Gauß
b) Carl Zeiss
c) Thomas John Watson
d) Konrad Zuse

18. Was versteht man unter „Augmented Reality"?
a) ein Programm zur realitätsgetreuen Darstellung von Objekten
b) den 3D-Effekt in Filmen
c) die computergestützte Erweiterung der Realitätswahrnehmung
d) ein Computerspielgenre

19. Wie bezeichnet man die kleinste Einheit einer Rastergrafik?
a) Linie
b) Pixel
c) Vektor
d) Punkt

Lösungen: IT und Elektrotechnik

1. b)	8. d)	15. a)
2. a)	9. a)	16. a)
3. d)	10. b)	17. d)
4. c)	11. c)	18. c)
5. c)	12. c)	19. b)
6. d)	13. d)	
7. d)	14. b)	

Zu 2.: Da es sich um eine sogenannte Reihenschaltung der Widerstände handelt, muss hier die Summe der Widerstandswerte genommen werden, also R1 + R2 = 20 Ohm + 80 Ohm = 100 Ohm. Deshalb ist Antwort a) richtig.

Zu 3.: U = R × I. Da der Strom I gesucht ist, muss die Formel nach I umgestellt werden: I = U ÷ R. Somit erhalten wir I = 10 V ÷ 100 Ohm = 0,1 A. Antwort d) ist richtig.

Zu 9.: Auch hier können wir zur besseren Erklärung wieder die Formel U = R × I zur Hilfe nehmen und nach I umstellen. Wir erhalten I = U ÷ R. Wenn nun der Gesamtwiderstand R erhöht wird, so verringert sich der Strom. Deshalb ist Antwort a) richtig.

Zu 10.: b) ist richtig, der Gesamtwiderstand verringert sich. Du kannst dir die Schaltung in diesem Fall wie ein Fluss vorstellen. Ein Widerstand stellt dabei eine Verengung des Flusslaufes dar.

Deutschlandkarte

1. Die Hauptstadt von Hessen heißt …
a) Wiesbaden.
b) Frankfurt am Main.
c) Mainz.
d) Offenbach.

2. Wie viele Städte gibt es in Deutschland?
a) etwa 2.000
b) etwa 3.000
c) etwa 5.000
d) etwa 4.000

3. Welche Abkürzung hat das Bundesland Sachsen-Anhalt?
a) SA
b) SH
c) S
d) ST

4. Welche Sprachen sind in Deutschland auf gesamtstaatlicher Ebene Amtssprachen?
a) Deutsch
b) Deutsch, Englisch
c) Deutsch, Französisch
d) Deutsch, Dänisch

5. Welche Abkürzung hat das Bundesland Brandenburg?
a) BG
b) B
c) BB
d) BR

6. Welches der folgenden Bundesländer grenzt nicht an ein Nachbarland Deutschlands?
a) Sachsen
b) Thüringen
c) Saarland
d) Nordrhein-Westfalen

7. Wo befindet sich Deutschlands größter Seehafen?
a) Rostock
b) Hamburg
c) Bremen
d) Wilhelmshaven

8. Welcher Fluss legt die meisten Kilometer innerhalb Deutschlands zurück?
a) Donau
b) Elbe
c) Weser
d) Rhein

9. Wie lang sind Deutschlands Grenzen?
a) etwa 3.600 Kilometer
b) etwa 2.000 Kilometer
c) etwa 1.700 Kilometer
d) etwa 4.100 Kilometer

10. Wie lang sind Deutschlands Küsten?
a) etwa 700 Kilometer
b) etwa 2.400 Kilometer
c) etwa 1.100 Kilometer
d) etwa 1.800 Kilometer

11. Welche Insel im Mittelmeer wird manchmal scherzhaft als das „17. Bundesland" der Bundesrepublik Deutschland bezeichnet, weil dort so viele Bundesbürger wohnen?
a) Sardinien
b) Sylt
c) Kreta
d) Mallorca

12. In welchem deutschen Bundesland liegt das Mittelgebirge Hunsrück größtenteils?
a) Rheinland-Pfalz
b) Bayern
c) Thüringen
d) Hessen

13. An welchem Fluss liegt die Stadt Bremen?
a) Ems
b) Oder
c) Rhein
d) Weser

14. Wie heißt die Landeshauptstadt von Thüringen?
a) Dresden
b) Erfurt
c) Weimar
d) Magdeburg

15. Welches ist das flächenmäßig größte deutsche Bundesland?
a) Baden-Württemberg
b) Mecklenburg-Vorpommern
c) Bayern
d) Nordrhein-Westfalen

16. In welcher Klimazone befindet sich Deutschland?
a) kalte Zone
b) gemäßigte Zone
c) subpolare Zone
d) Subtropen

17. Wie heißt die größte Insel Deutschlands?
a) Sylt
b) Usedom
c) Rügen
d) Helgoland

18. Welcher Fluss fließt durch Dresden?
a) Elbe
b) Donau
c) Spree
d) Oder

19. In welcher Stadt kann man die Herkules-Statue bewundern?
a) Potsdam
b) Eisenach
c) Dresden
d) Kassel

20. Welche ist keine Millionen-Einwohner-Stadt in Deutschland?
a) Köln
b) Hamburg
c) Frankfurt am Main
d) München

21. Welches Bundesland hat prozentual auf die Landesfläche bezogen die größte Waldfläche?

a) Baden-Württemberg

b) Hessen

c) Bayern

d) Brandenburg

22. Welcher See liegt in Baden-Württemberg?

a) Wörthersee

b) Müritzsee

c) Bodensee

d) Chiemsee

23. Welches ist der höchste Berg, der in einem Mittelgebirge steht?

a) Brocken

b) Feldberg

c) Großer Arber

d) Fichtelberg

24. Wo liegt der größte Binnenhafen Deutschlands?

a) Ludwigshafen

b) Köln

c) Berlin

d) Duisburg

25. Wofür ist das Bundesland Mecklenburg-Vorpommern bekannt?

a) Schwebebahn

b) Binnenhafen

c) Seenplatte

d) Holstentor

26. In welchen Bundesländern liegt der Harz?

a) Sachsen-Anhalt, Sachsen, Brandenburg

b) Niedersachsen, Sachsen-Anhalt, Thüringen

c) Thüringen, Sachsen, Bayern

d) Thüringen, Niedersachsen, Hessen

Lösungen: Deutschlandkarte

1. a)	10. b)	19. d)
2. a)	11. d)	20. c)
3. d)	12. a)	21. b)
4. a)	13. d)	22. c)
5. c)	14. b)	23. b)
6. b)	15. c)	24. d)
7. b)	16. b)	25. c)
8. d)	17. c)	26. b)
9. a)	18. a)	

Geschichte

1. Zu den Siegermächten des Zweiten Weltkriegs gehörten Russland, USA, Großbritannien und …
a) China.
b) Frankreich.
c) Niederlande.
d) Italien.
e) Spanien.

2. Wann fiel die Berliner Mauer?
a) 9./10. November 1989
b) 3. Oktober 1989
c) 3. Oktober 1990
d) 5. Oktober 1989

3. Die nördlichste Grenze zwischen der BRD und DDR verlief in unmittelbarer Nähe von …
a) Rügen.
b) Rostock.
c) Travemünde.
d) Kiel.

4. Welches Land gehörte NIEMALS zum Staatsgebiet der ehemaligen „Jugoslawischen Sozialistischen Föderativen Republik"?
a) Bulgarien
b) Montenegro
c) Kroatien
d) Serbien

5. Der Name „Europa" leitet sich aus dem Altgriechischen ab und bedeutet so viel wie …
a) die Frau mit der weiten Sicht.
b) der Wolf mit dem starken Willen.
c) der dunkelblaue Horizont.
d) der führende Stier.

6. Rom ist auch als die …
a) „Ewige Stadt" bekannt.
b) „Weite Stadt" bekannt.
c) „Goldene Stadt" bekannt.
d) „Stadt der Wölfe" bekannt.

7. Die Insel, auf welche Napoleon bis zu seinem Lebensende verbannt wurde, heißt …
a) St. Helena.
b) St. Marie.
c) St. Martin.
d) St. Peter Ording.

8. Die Französische Revolution (1789–1799) stand unter dem Motto…
a) Freiheit, Einheit, Brüderlichkeit.
b) Freiheit, Gleichheit, Brüderlichkeit.
c) Einheit, Gleichheit, Freiheit.
d) Einheit, Gleichheit, Brüderlichkeit.

9. Das heutige Judentum gibt es seit etwa dem …
a) 5. Jahrhundert v. Chr.
b) 8. Jahrhundert v. Chr.
c) 20. Jahrhundert v. Chr.
d) 2. Jahrhundert n. Chr.

10. Der Islam ist eine Religion, welche seine Wurzeln hat im ...
a) 3. Jahrhundert n. Chr.
b) 7. Jahrhundert n. Chr..
c) 6. Jahrhundert v. Chr.
d) 10. Jahrhundert v. Chr.

11. Die Anfänge des römischen Reichs gehen geschichtlich zurück bis ins ...
a) 1. Jahrhundert v. Chr.
b) 7. Jahrhundert n. Chr.
c) 6. Jahrhundert n. Chr.
d) 8. Jahrhundert v. Chr.

12. Apollo 13 alarmierte die Bodenstation mit dem legendären Funkspruch: Houston, wir haben ...?
a) Husten.
b) Whitney entführt.
c) ein Problem.
d) Klingonen an Bord.

13. Wie hieß die Reform, die Gorbatschow in der ehemaligen Sowjetunion einleitete?
a) Dafainoika
b) Kolchose
c) Afganoika
d) Perestroika

14. In welchem Jahr wurde die heutige Hauptstadt Berlin durch eine Mauer getrennt?
a) 1948
b) 1961
c) 1952
d) 1972

15. Wer war der erste Mensch im Weltraum?
a) Alan Shepard
b) Juri Gagarin
c) Neil Armstrong
d) Alexei Leonow

16. Die Antibabypille hieß in der DDR ...
a) Kinderlospille.
b) Babywegpille.
c) Kinderwegpille.
d) Kinderwunschpille.

17. Der Euro ist in der Bundesrepublik Deutschland am ...
a) 1. Januar 2011 als Bargeld eingeführt worden.
b) 1. Januar 1999 als Bargeld eingeführt worden.
c) 1. Februar 2001 bei Banken als Währungseinheit eingeführt worden.
d) 1. Januar 2002 als Bargeld eingeführt worden.

18. Die Bundesrepublik Deutschland wurde im Jahr ...
a) 1948 gegründet.
b) 1961 gegründet.
c) 1990 gegründet.
d) 1949 gegründet.

19. Mit Hellenismus ist gemeint?
a) Epoche im antiken Griechenland
b) kultureller Einfluss der islamischen Kultur
c) Sittlichkeit der katholischen Mönche

d) griechische Alphabetisierung

20. Wer waren die Hugenotten?
a) eine Sektenbewegung aus dem Mittelalter
b) Orden der Anhänger des Hugo von Cluny
c) ein Volksstamm im Süden Afrikas
d) Anhänger des Calvinismus in Frankreich

21. Wo fanden die Punischen Kriege statt?
a) in Asien
b) in Amerika
c) in Afrika
d) im Mittelmeerraum

22. Welcher amerikanische Präsident appellierte 1987 für die Öffnung des Brandenburger Tors?
a) Ronald Reagan
b) John F. Kennedy
c) Bill Clinton
d) George Bush

23. Womit beschäftigte sich die Gauck-Behörde?
a) mit ethischen Fragen
b) mit Stasi-Unterlagen
c) mit Unterlagen aus der Nazi-Zeit
d) mit der Wiedervereinigung

24. Der deutsche Reichskanzler Otto von Bismarck war unter anderem bekannt für ...

a) seine Kriege gegen Napoleon.
b) die Einführung des Sozialversicherungssystems.
c) den schnellen Einmarsch in Polen.
d) die Gründung der Weimarer Republik.

25. Wie hieß der erste römische Kaiser?
a) Nero
b) Caligula
c) Augustus
d) Caesar

26. Aus welchem Adelsgeschlecht stammte Friedrich I., genannt Barbarossa?
a) Hohenzollern
b) Habsburger
c) Staufer
d) Wittelsbach

27. Welcher antike Feldherr überschritt mit einem Heer und Kriegselefanten die Alpen in Richtung Rom?
a) Julius Cäsar
b) Attila
c) Alexander der Große
d) Hannibal

28. Wie hieß der Mongolenherrscher, der im 13. Jahrhundert ein Weltreich eroberte?
a) Dschingis Kahn
b) Güyük Khan
c) Timur Khan
d) Batu Khan

29. Welchen US-Präsidenten stürzte die Watergate-Affäre?
a) John F. Kennedy
b) Ronald Reagan
c) Richard Nixon
d) Bill Clinton

30. In welcher Stadt fand das Attentat auf den österreichisch-ungarischen Thronfolger statt, das den Ersten Weltkrieg auslöste?
a) Zagreb
b) Sarajevo
c) Belgrad
d) Budapest

Lösungen: Geschichte

1. b)	11. d)	21. d)
2. a)	12. c)	22. a)
3. c)	13. d)	23. b)
4. a)	14. b)	24. b)
5. a)	15. b)	25. c)
6. a)	16. d)	26. c)
7. a)	17. d)	27. d)
8. b)	18. d)	28. a)
9. a)	19. a)	29. c)
10. b)	20. d)	30. b)

Physik

1. Was bedeutet der Energieerhaltungssatz?
a) Die Gesamtenergie eines
Systems ändert sich nicht.
b) Energie bleibt nur eine gewisse Zeit erhalten.
c) Energie kann nur durch Arbeit erzeugt werden.
d) Die Gesamtenergie eines
Systems verändert sich perma-
nent.
e) Keine der genannten Antworten ist richtig.

2. Woraus bestehen die meisten Atome?
a) Neutronen und Megatronen
b) Protonen und Photonen
c) Elektronen, Neutronen und
Protonen
d) Elektronen, Photonen und
Neutronen

3. Mit welcher Formel wird die
Höhenenergie beschrieben?
a) E = m × v
b) E = m × c
c) E = m × g × h
d) Keine der Antworten ist
richtig.

4. Wofür steht die Formel
F = m × a?
a) m steht für Masse, a steht
für die Beschleunigung. Das
Gesetz stellt die Kraft in Abhängigkeit zu Masse und Beschleunigung dar, wenn die
Masse gleich und die Beschleunigung konstant bleibt.
b) m steht für Masse, a steht
für Ampere. Das Gesetz stellt
die Kraft in Abhängigkeit zu
Masse und Strom dar, wenn
die Masse gleich und der
Strom konstant bleibt.
c) Das Gesetz gibt die potenzielle Energie an und setzt die
Höhe einer Masse in Abhängigkeit zur Energie.
d) Keine der Antworten ist
richtig.

5. Was bedeutet Leistung aus
physikalischer Sicht?
a) Die Leistung wird über die
Geschwindigkeit und die Zeit
berechnet.
b) Die Leistung ist eine physikalische Größe, die den Strom
in einer bestimmten Zeit auf
den Widerstand in einer Schaltung bezieht.
c) Die Leistung ist eine physikalische Größe, welche den Auf-
wand von Arbeit beschreibt.
d) Die Leistung ist eine physikalische Größe, welche in einer
bestimmten Zeitspanne die
eingesetzte Energie auf diese
Zeitspanne bezieht.

6. Die Beschleunigung eines Autos beträgt 5 m/s². Das Auto beschleunigt über 10 Sekunden. Wie schnell fährt das Auto nach den 10 Sekunden?
a) 5 m/s
b) 25 m/s
c) 50 m/s
d) 100 m/s

7. Wie heißt die Einheit von Arbeit?
a) Joule
b) Newton
c) Leistung
d) Photon

8. Bitte nenne drei verschiedene Arten von Energie.
a) Bewegungsenergie, Leergutenergie, Lageenergie
b) Bewegungsenergie, chemische Energie, Höhenenergie
c) Betreuungsenergie, potenzielle Energie, Höhenenergie
d) Lageenergie, potenzielle Energie, elektrische Energie

9. Das dritte newtonsche Gesetz beschreibt das Wechselwirkungsprinzip. Wie wird dieses Prinzip häufig umschrieben?
a) actio gleich reactio
b) actio nicht reactio
c) actio non reactio
d) solo gleich actio

10. Wie hoch ist die Fallbeschleunigung auf der Erde?
a) ca. 57 m/s²
b) ca. 2 m/s²
c) ca. 9,82 m/s²
d) Keine der Antworten ist richtig.

11. Womit beschäftigt sich das Archimedische Prinzip?
a) mit Reibung
b) mit Rotation
c) mit Auftrieb
d) mit Hebeln

12. Wie schnell breitet sich Schall im Vakuum aus?
a) überhaupt nicht
b) ca. 300 m/s
c) ca. 1.200 m/s
d) ca. 12 km/s

13. Was versteht man unter Kondensation?
a) Eindicken einer dünnflüssigen Flüssigkeit
b) Gefrieren von Ölen
c) Übergang eines Stoffes vom gasförmigen in den flüssigen Aggregatzustand
d) Senkung oder Erhöhung von elektrischer Spannung

14. Welches Material leitet Wärme am besten?
a) Kunststoff
b) Glas
c) Metall
d) Holz

15. Für welche moderne Erfindung ist der Bernoulli-Effekt von Nutzen?
a) Mikrowelle

b) Flugzeug
c) Atomuhr
d) Computer

16. Was versteht man unter einem Ion?
a) elektrisch geladenes Atom oder Molekül
b) physikalische Maßeinheit für Elektrizität
c) Messgröße für Volumina
d) chemisches Element

17. Was entdeckte Galileo Galilei?
a) das geozentrische Weltbild
b) die Hebelgesetze
c) das heliozentrische Weltbild
d) das Fernrohr

18. Welches Bauteil ist nicht durchlässig für Gleichstrom?
a) Transistor
b) Kondensator
c) Spule
d) Widerstand

19. Welches Metall ist nicht magnetisch?
a) Kupfer
b) Nickel
c) Eisen
d) Kobalt

20. Wie heiß wird der Draht in der Glühlampe?
a) 100 Grad Celsius
b) 500 Grad Celsius
c) 1.000 Grad Celsius
d) über 2.000 Grad Celsius

21. Was versteht man unter der Brinellhärte?
a) Maß der Härte eines Werkstoffes
b) Maß für die Dichte von Schmucksteinen
c) Maß für die Lichtbrechung
d) Maß für den Abrieb von Reifen

22. Wie heißt die Maßeinheit für die Angabe von Radioaktivität?
a) Ohm
b) Sievert
c) Becquerel
d) Ampere

23. Was enthält ein Transistor?
a) ein Mikroprozessor
b) eine Antenne
c) ein Eisenkern
d) ein Halbleiter

24. Welches Tier steht in einem Gedankenexperiment des Physikers Erwin Schrödinger im Mittelpunkt?
a) ein Affe
b) ein Hund
c) eine Katze
d) eine Maus

25. Was versteht man unter einem Episkop?
a) Messgerät für Erdbeben
b) medizinisches Abhörgerät
c) optisches Gerät zur Projektion von Bildern
d) Gerät zur Untersuchung von Schallwellen

Lösungen: Physik

1. a)	10. c)	19. a)
2. c)	11. c)	20. d)
3. c)	12. a)	21. a)
4. a)	13. c)	22. c)
5. d)	14. c)	23. d)
6. c)	15. b)	24. c)
7. a)	16. a)	25. c)
8. b)	17. c)	
9. a)	18. b)	

Zu 1.: Der Energieerhaltungssatz lautet: „In einem abgeschlossenen System ist die Summe aller Energien konstant. Die Gesamtenergie bleibt erhalten.". Daher ist Antwort a) richtig.

Zu 2.: c) Unterteilt wird ein Atom in den Atomkern, welcher aus neutral geladenen Neutronen und positiv geladenen Protonen besteht, und in die Atomhülle, in der sich negativ geladene Elektronen auf Kreisbahnen um den Kern bewegen.

Zu 3.: c) ist korrekt. Antwort a) weist auf die kinetische Energie hin, die mit $E = \frac{1}{2} \times m \times v^2$ berechnet wird. Antwort b) gehört zu Albert Einsteins berühmtem Zusammenhang zwischen Masse und Energie: $E = m \times c^2$. Daher kann für die potenzielle Energie nur Antwort c) korrekt sein.

Zu 4.: a) Gefragt ist nach dem 2. newtonschen Gesetz, dem sogenannten Aktionsprinzip: „Wirkt auf einen Körper eine Kraft, so wird er in die Richtung der Kraft beschleunigt. Die Beschleunigung ist der Kraft direkt, der Masse des Körpers umgekehrt proportional."

Zu 5.: d) Die Leistung P wird definiert durch den Quotienten aus aufgewendeter Energie ΔE oder verrichteter Arbeit ΔW und der dazu benötigten Zeit Δt: $P = \Delta E \, \Delta t = \Delta W \, \Delta t$. Gemessen wird die Leistung in Watt.

Zu 6.: c) Die Beschleunigung ergibt sich auf dem Quotienten einer Geschwindigkeit über die benötigte Zeit: a = v t. Eingesetzt und nach der Zeit aufgelöst ergibt sich eine Geschwindigkeit von:

v = a × t = 5 m/s² × 10 s = 50 m/s.

Zu 8.: b) Die drei richtigen Antworten sind definiert durch:

- Bewegungsenergie: E = ½ m × v²
- Chemische Energie beschreibt die freiwerdende Energie bei Bildung chemischer Bindungen.
- Höhenenergie: E = m × g × h

Zu 9.: a) Das 3. newtonsche Gesetz besagt: „Besteht zwischen zwei Körpern A und B eine Kraftwirkung, so ist die Kraft welche von A auf B ausgeübt wird, der Kraft, die B auf A ausübt, entgegengesetzt gleich." Umschrieben wird dieses Prinzip deshalb mit actio gleich reactio.

Zu 10.: c) Die Erdbeschleunigung ist definiert durch die Variable g und beträgt ca. 9,81 m/s².

Chemie und Biologie

1. Wie nennt man einen chemischen Vorgang, bei dem man Stoffe zerlegt?
a) Oxidation
b) Reduktion
c) Synthese
d) Analyse

2. Aus wie vielen Knochen besteht das menschliche Skelett?
a) ca. 102
b) ca. 212
c) ca. 252
d) ca. 300

3. Die organische Chemie beschäftigt sich mit ...?
a) Wasser.
b) Kohlenstoffverbindungen.
c) Mineralien.
d) Metallen.

4. Was versteht man unter einem Ökosystem?
a) ein Lebensraum zwischen Menschen, Tieren und Pflanzen
b) die gesamte Tierwelt eines bestimmten Lebensraums
c) Lebensraum einer bestimmten Lebensgemeinschaft von Pflanzen
d) eine Lebensgemeinschaft der Flora und Fauna

5. Ein Schlaganfall ist ...?
a) eine Gehirnblutung.
b) eine Arterienverkalkung der Gefäßwand.

c) eine Störung der Hirnblutversorgung.
d) ein Aussetzen der Herzfunktion.

6. Wo wird das körpereigene Hormon Insulin produziert?
a) in der Bauchspeicheldrüse
b) in der Leber
c) in den Nieren
d) im Gehirn

7. Welches ist das größte menschliche Organ?
a) Darm
b) Haut
c) Gehirn
d) Leber

8. Was passiert bei einer Photosynthese?
a) Nahrungsaufnahme
b) Atmung
c) Stoffumwandlung
d) Zellenspaltung

9. Warum reagieren Stoffe miteinander?
a) um einen stabilen Zustand zu erhalten
b) um die Reaktionszeit zu verlängern
c) um energiereich zu werden
d) um sich gegenseitig abzustoßen

10. Was ist das Endprodukt einer Neutralisation in der Chemie?
a) Pulverisierung
b) Ionenbindung unter Wasser
c) Natriumchlorid und andere Elemente
d) Molekülverbindung und Ionenbindung

11. Wie viel Chromosomen hat die menschliche Zelle?
a) 24
b) 46
c) 64
d) 106

12. Welche Tiere haben Facettenaugen?
a) Insekten
b) Würmer
c) Maulwürfe
d) Schnecken

Lösungen: Chemie und Biologie

1. d)	5. c)	9. a)
2. b)	6. a)	10. b)
3. b)	7. b)	11. b)
4. d)	8. c)	12. a)

Logik

Bewerber reden sich häufig ein, sie seien nicht gut im logischen Denken oder hätten große Defizite im Bereich Mathematik. Die Wahrheit ist aber, dass mit einer guten Vorbereitung niemand Angst vor Tests aus dem Bereich „Logisches Denken" haben muss.

Im Einstellungstest solltest du nicht versuchen, krampfhaft alle Aufgaben nacheinander abzuarbeiten und richtig zu beantworten. Oft gibt es mehr Fragen in den Tests als überhaupt zeitlich zu bewältigen sind. Dadurch soll geprüft werden, wie Bewerber unter Stresssituationen arbeiten. Lass dich nicht aus der Ruhe bringen und bearbeite zunächst die Aufgaben, die du schnell und sicher lösen kannst und überspringe Fragen, bei denen du nicht weiterkommst.

Du wirst sehen, dass du bereits nach wenigen Übungen aus diesem Buch routinierter wirst und Aufgaben schneller und besser lösen kannst. Ziel dieses Kapitels soll es sein, dass du anschließend mit erhöhtem Selbstbewusstsein und mehr Routine in den logischen Teil des Einstellungstests gehen kannst.

Unter der Rubrik „Logik" sind Übungen zusammengefasst, die das abstrakte beziehungsweise schlüssige Denken abfragen. Es geht bei diesen Aufgaben meist darum, eine bestimmte Reihenfolge logisch fortzusetzen oder die richtigen Schlüsse zu ziehen.

Zahlenreihen

Setze die Zahlenreihen logisch fort. Überlege dabei genau, welche Regel sich hinter den Zahlen verbergen könnte.

Beispiel
Das folgende Beispiel soll dir dabei helfen, den Aufgabentyp „Zahlenreihen" besser zu verstehen und die Aufgaben effizient lösen zu können:

Gegeben: 0, 4, 2, 6, 4, 8, ?
Bei dieser Zahlenreihe wurde als erstes die Zahl 4 addiert: $0 + 4 = 4$
Im nächsten Schritt wurde von 4 die Zahl 2 subtrahiert: $4 - 2 = 2$
Anschließend wurde wieder die Zahl 4 addiert: $2 + 4 = 6$

Wahrscheinlich erkennst du jetzt schon ein Muster. Es wird immer abwechselnd erst 4 addiert und anschließend die Zahl 2 abgezogen. Wenn du diese Regel für die gesamte Zahlenreihe fortführst, kommst du am Ende auf die Zahl 6 als gesuchte Zahl.

Beachte, dass bei Zahlenreihen neben der Addition und Subtraktion auch weitere Rechenoperationen wie Multiplikation oder Division möglich sind. Bei etwas komplexeren Aufgaben können beispielsweise auch Primzahlen eine Rolle spielen. Primzahlen sind Zahlen, die nur durch sich selbst und 1 teilbar sind und größer als 1 sind.

Primzahlen: 2, 3, 5, 7, 11, 13 usw.

Eine etwas komplexere Zahlenreihe könnte beispielsweise folgendermaßen aussehen:

1, 3, 5, 8, 10, 15, 17, 24, 26, ?

Die Zahlenreihe startet mit 1. Um herauszufinden, was die fehlende Zahl ist, schauen wir uns zunächst die Differenz zwischen den gegebenen Zahlen an und versuchen, Muster zu erkennen:

Differenz zwischen 1 und 3 → 2*
Differenz zwischen 3 und 5 → 2
Differenz zwischen 5 und 8 → 3*
Differenz zwischen 8 und 10 → 2
Differenz zwischen 10 und 15 → 5*
Differenz zwischen 15 und 17 → 2
Differenz zwischen 17 und 24 → 7*
Differenz zwischen 24 und 26 → 2

Die Lösung für die gesuchte Zahl ist in diesem Fall 37. Es wird abwechselnd eine Primzahl (siehe mit Stern markierte Differenz) und dann wieder die Zahl 2 addiert.

Dieses Beispiel mag dir im ersten Moment sehr schwierig erscheinen, du wirst aber bereits nach wenigen Zahlenreihen in deiner Lösungsfindung immer schneller werden.

1. Aufgabe

0, 5, 3, 8, 6, ?

a) 9
b) 7
c) 11
d) 8

2. Aufgabe

96, 87, 79, 72, ?

a) 66
b) 67
c) 65
d) 61

3. Aufgabe

13, −21, 34, −55, 89, ?

a) 144
b) −144
c) 123
d) −123

4. Aufgabe

0, 9, 1, 8, 2, 7, 3, ?

a) 5
b) 6
c) 4
d) 10

5. Aufgabe

500, 50, 40, 400, 40, 30, ?

a) 20
b) 200
c) 300
d) 450

6. Aufgabe

35, 42, 49, 56, ?

a) 61
b) 63
c) 70
d) 77

7. Aufgabe

1, 4, 7, 10, 13, ?

a) 15
b) 16
c) 17
d) 18

8. Aufgabe

2, 1, 3, 0, 4, −1, ?

a) 4
b) 5
c) 6
d) 3

9. Aufgabe

11, 22, 15, 30, 23, 46, ?

a) 69
b) 54
c) 57
d) 39

10. Aufgabe

5, 8, 11, 14, ?

a) 16
b) 17
c) 18
d) 19

11. Aufgabe

16, 32, 64, 128, ?

a) 192
b) 196
c) 256
d) 512

12. Aufgabe

2, 1, 3, 9, 8, 10, 30, ?

a) 32
b) 29
c) 15
d) 90

13. Aufgabe

625, 125, 25, ?

a) 5

b) 15

c) 50

d) 75

14. Aufgabe

−3, 4, -5, 2, −7, 0, ?

a) 8

b) -8

c) 9

d) -9

15. Aufgabe

1, 2, 6, 30, 210, ?

a) 1.890

b) 2.310

c) 1.230

d) 3.210

16. Aufgabe

3, 2, 4, 1, 4, −1, ?

a) −2

b) −6

c) 2

d) 6

Lösungen: Zahlenreihen

1. c)	7. b)	13. a)
2. a)	8. b)	14. d)
3. b)	9. d)	15. b)
4. b)	10. b)	16. b)
5. c)	11. c)	
6. b)	12. b)	

Zu 1.: c) Die Zahlenreihe folgt dem Muster: + 5, − 2.

Zu 2.: a) Um auf den Wert 66 zu kommen wird von 96 zuerst 9, von diesem Ergebnis 8, anschließend 7 und schlussendlich 6 subtrahiert.

Zu 3.: b) Die Differenz aus den ersten beiden Zahlen wird berechnet, hier 34. So wird von der Zahl 13 die Zahl 34 subtrahiert, um den Folgewert − 21 zu erlangen. Wird die Reihe weiter betrachtet, so steht die 34 als folgende Zahl. Damit ist die Lösung jeweils die Differenz zweier aufeinanderfolgender Werte; zu beachten ist, dass die Differenz nach einer positiven Zahl subtrahiert und nach einer negativen Zahl addiert wird.

Zu 4.: b) Das Muster ist: + 9 , − 8, + 7, − 6, + 5, − 4, + 3

Zu 5.: c) Hier lässt sich ein periodisches Muster feststellen: ÷ 10, − 10, × 10

Zu 6.: b) Die Lösung 63 ergibt sich durch wiederholtes Addieren der Zahl 7.

Zu 7.: b) ähnlich wie Aufgabe 6, jedoch durch Addition der Zahl 3

Zu 8.: b) Das Muster ist: − 1, + 2, − 3, + 4, − 5, + 6

Zu 9.: d) Die Zahlenreihe folgt dem Muster: × 2, − 7

Zu 10.: b) siehe Lösung Aufgabe 7

Zu 11.: c) Das Ergebnis 256 erlangt man durch Verdoppelung der Werte.

Zu 12.: b) Das periodische Vorgehen ist definiert durch: − 1, + 2, × 3

Zu 13.: a) Bei jedem Schritt wird durch 5 geteilt.

Zu 14.: d) Die Zahlenreihe folgt dem Muster: + 7, − 9

Zu 15.: b) Die Lösung ist, die ersten fünf Primzahlen jeweils mit dem Ergebnis zuvor zu multiplizieren. So ist 30 × 7 = 210 und 210 × 11 = 2.310.

Zu 16.: b) Hier wird eine Abfolge von Subtraktion und Multiplikation durchgeführt, wobei von der Zahl 1 hochgezählt wird:
− 1, × 2, − 3, × 4, − 5, × 6

Figuren und Matrizen

Figurenreihen und Matrizen sind ein beliebtes Mittel, um die logische Denkfähigkeit zu testen. Dabei müssen Figurenreihen entweder ergänzt oder Fehler in der Reihe aufgedeckt werden. Dabei ist zu beachten, wie die Form der Figuren aufgebaut ist, welche Positionen diese haben und welche Farben verwendet wurden.

1. Welche Figur passt nicht in die Reihe?

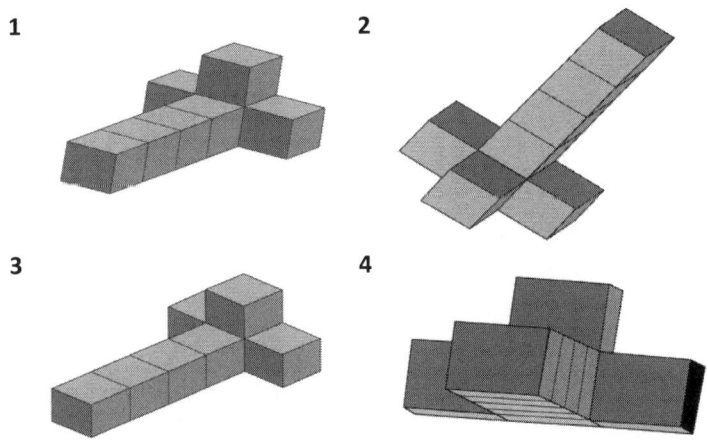

2. Welche Figur passt nicht in die Reihe?

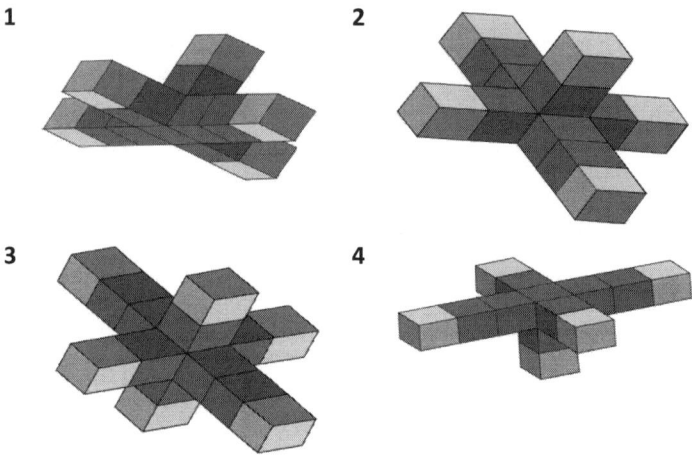

3. Welche Figur passt nicht in die Reihe?

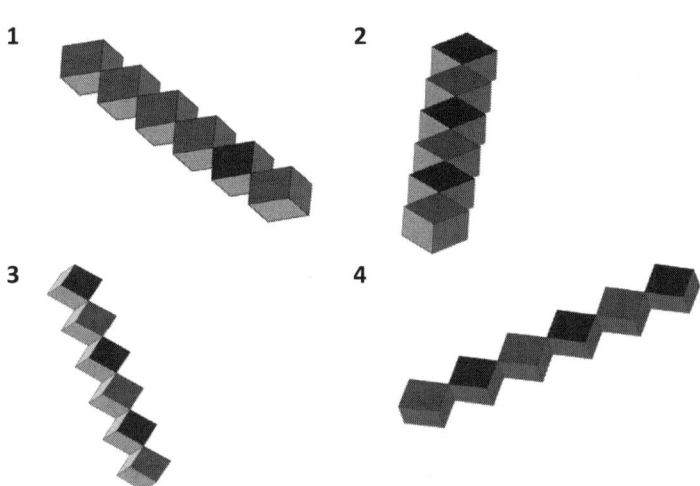

4. Welche Figur passt nicht in die Reihe?

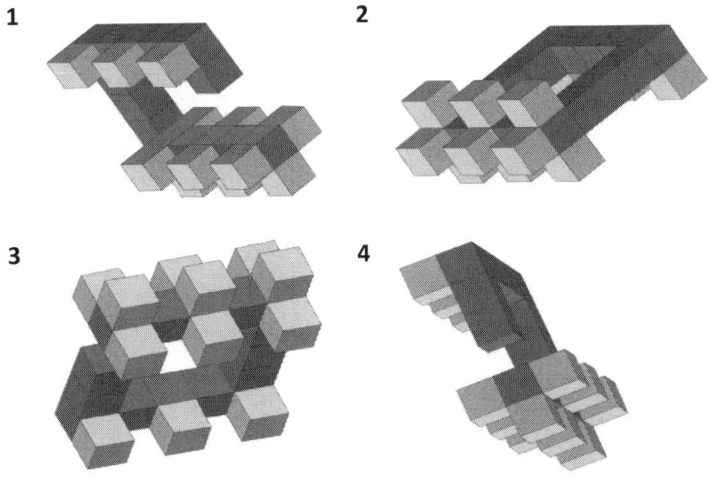

5. Welche Figur passt nicht in die Reihe?

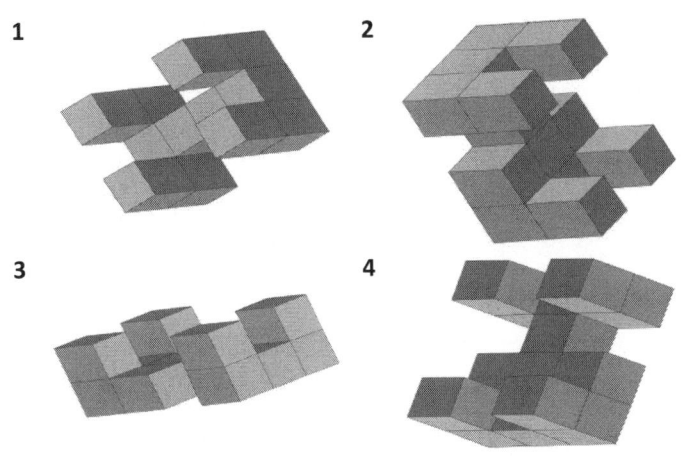

6. Welcher Ausschnitt passt in das leere Feld?

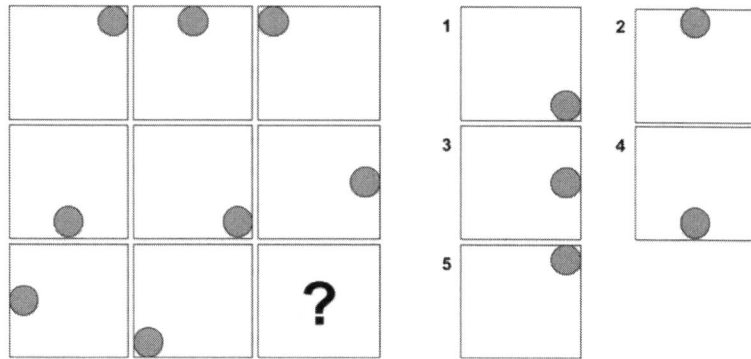

7. Welcher Ausschnitt passt in das leere Feld?

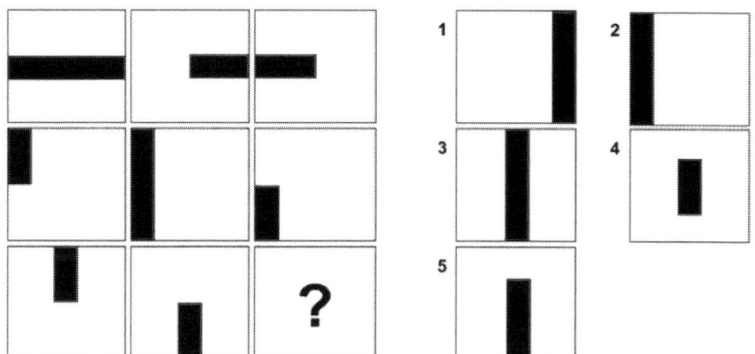

8. Welcher Ausschnitt passt in das leere Feld?

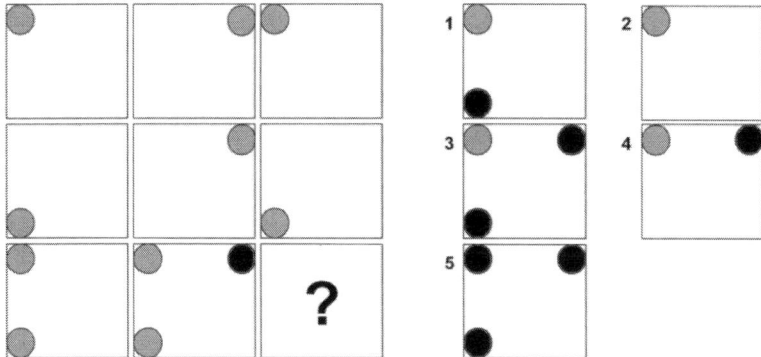

9. Welcher Ausschnitt passt in das leere Feld?

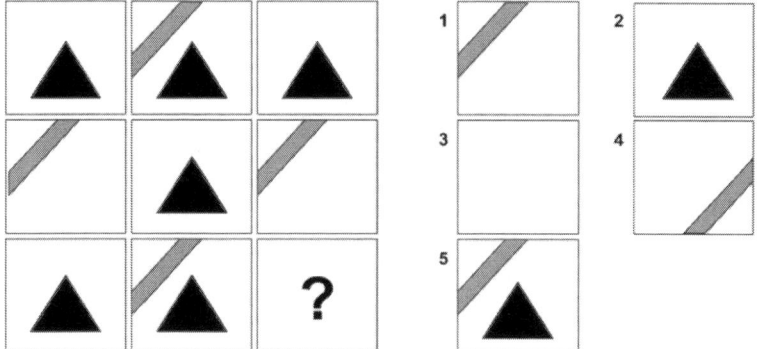

10. Welcher Ausschnitt passt in das leere Feld?

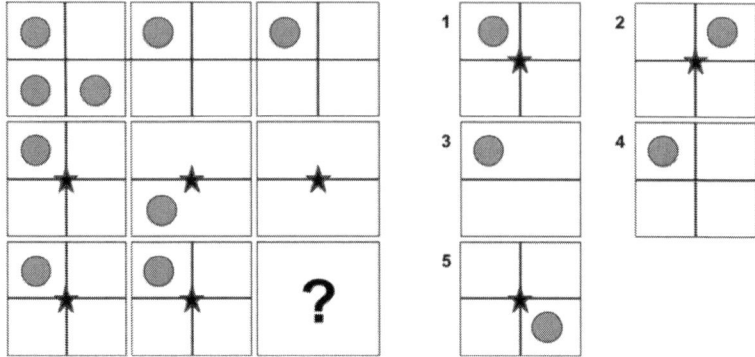

11. Welcher Ausschnitt passt in das leere Feld?

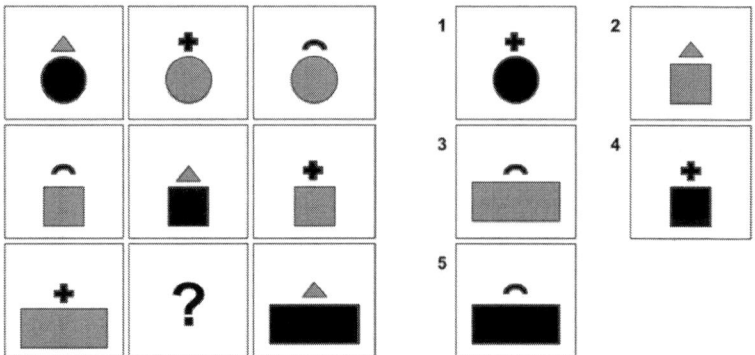

12. Welcher Ausschnitt passt in das leere Feld?

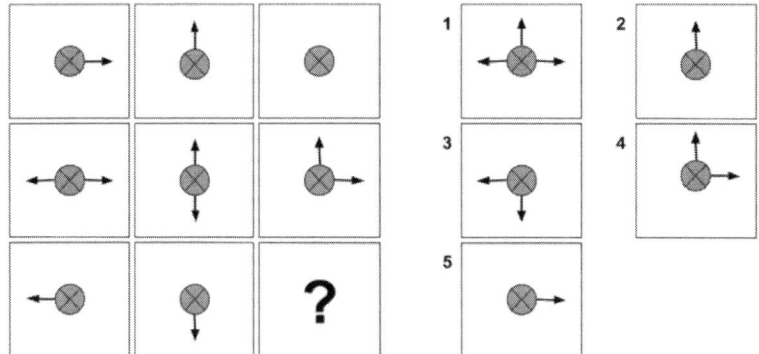

13. Welcher Ausschnitt passt in das leere Feld?

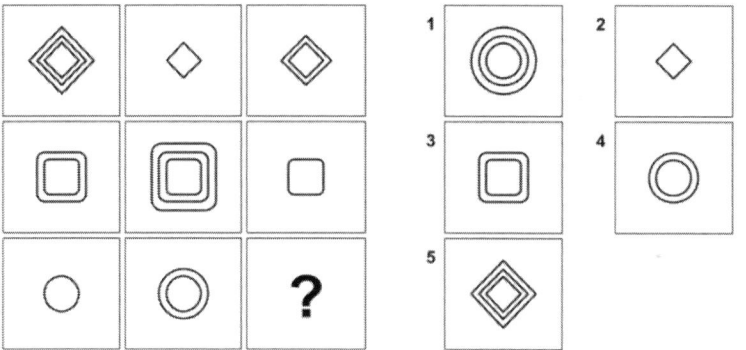

14. Welcher Ausschnitt passt in das leere Feld?

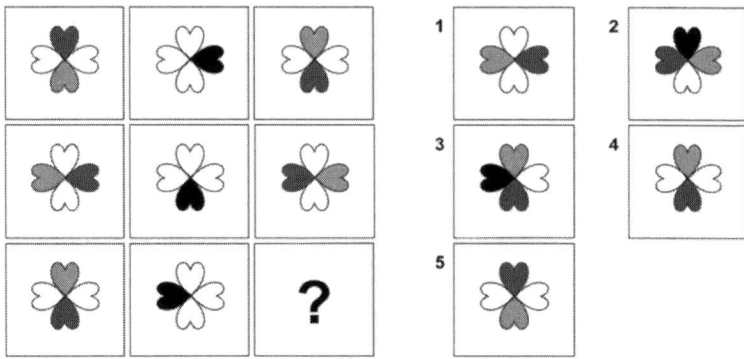

15. Welcher Ausschnitt passt in das leere Feld?

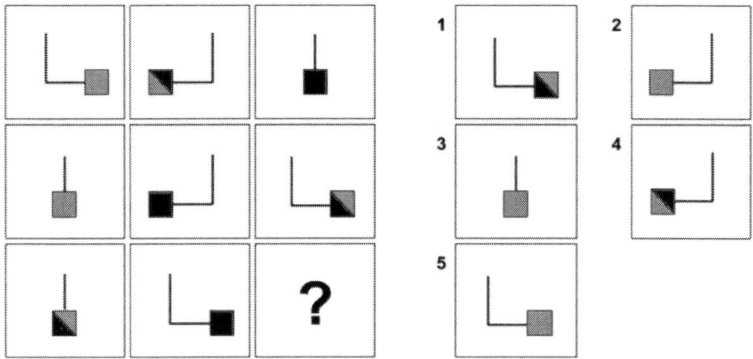

16. Welcher Ausschnitt passt in das leere Feld?

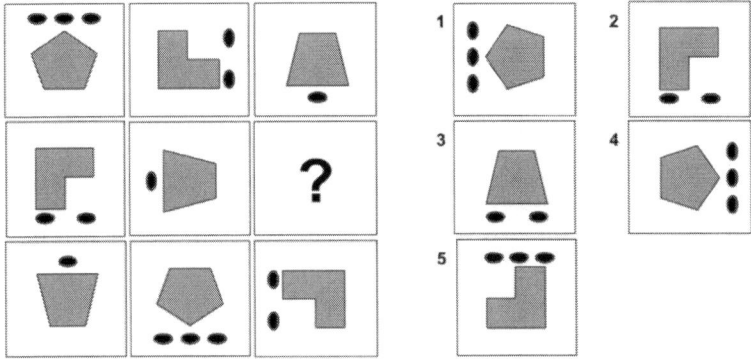

17. Welcher Ausschnitt passt in das leere Feld?

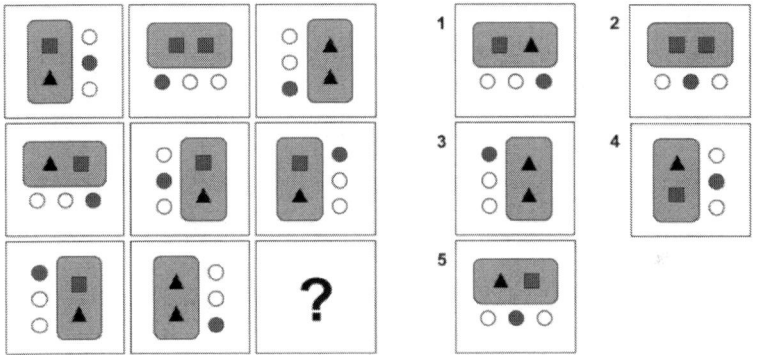

18. Welcher Ausschnitt passt in das leere Feld?

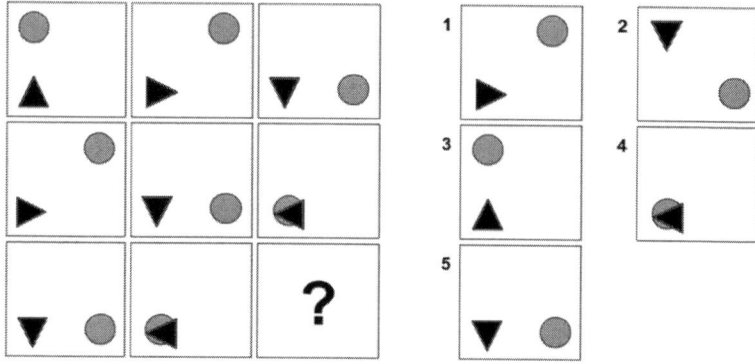

19. Welcher Ausschnitt passt in das leere Feld?

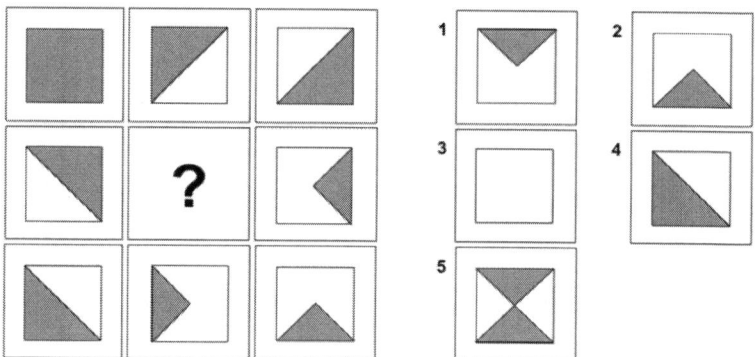

20. Welcher Ausschnitt passt in das leere Feld?

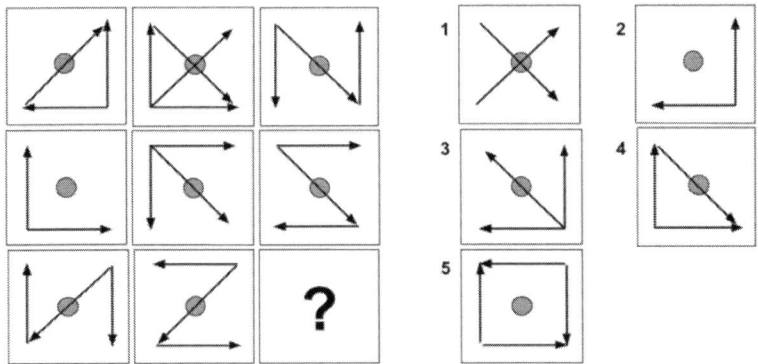

21. Welcher Ausschnitt passt in das leere Feld?

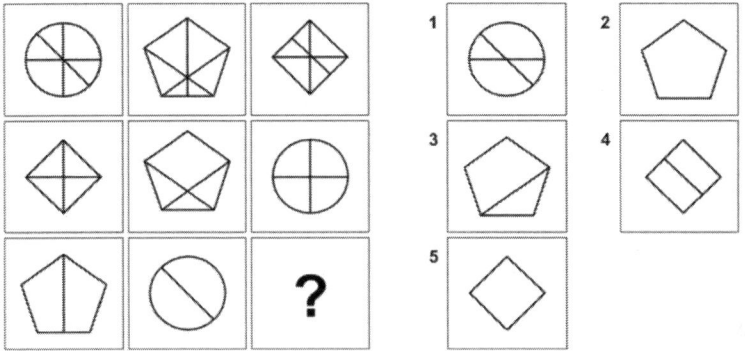

22. Welcher Ausschnitt passt in das leere Feld?

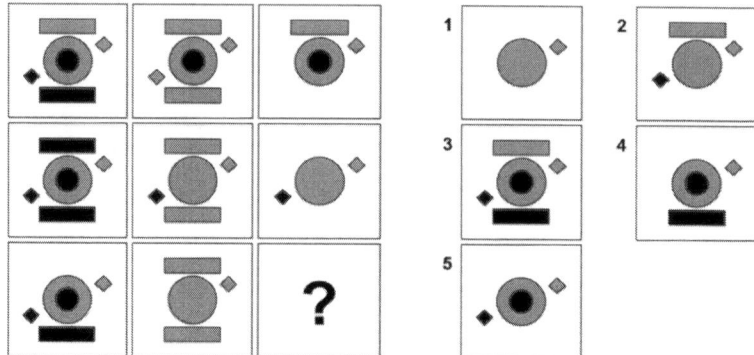

23. Welcher Ausschnitt passt in das leere Feld?

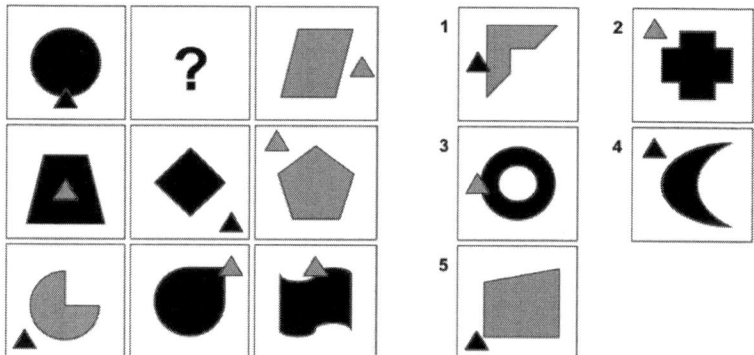

24. Welcher Ausschnitt passt in das leere Feld?

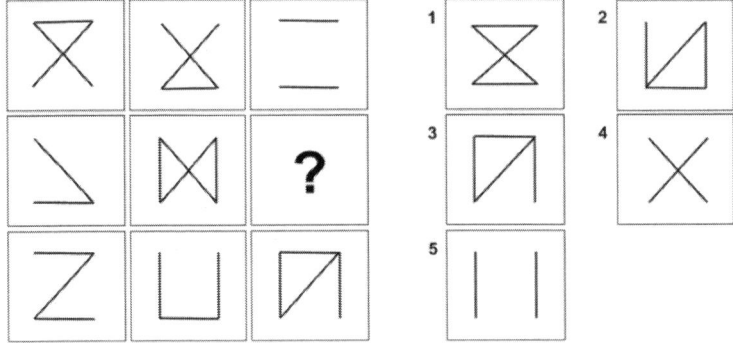

25. Welcher Ausschnitt passt in das leere Feld?

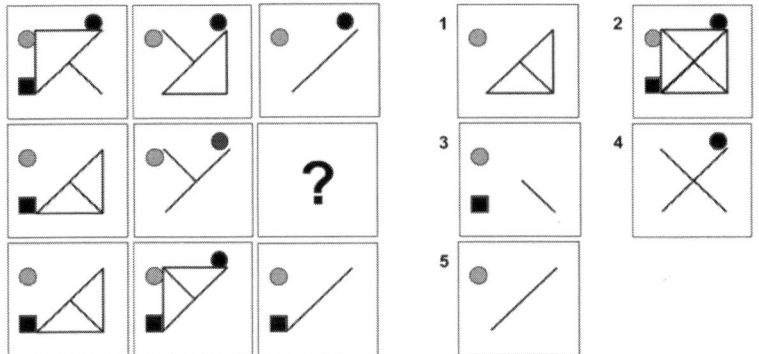

Lösungen: Figuren und Matrizen

1. 4 passt nicht	10. 1 passt	19. 1 passt
2. 3 passt nicht	11. 3 passt	20. 5 passt
3. 1 passt nicht	12. 4 passt	21. 4 passt
4. 1 passt nicht	13. 1 passt	22. 1 passt
5. 1 passt nicht	14. 5 passt	23. 3 passt
6. 4 passt	15. 2 passt	24. 2 passt
7. 3 passt	16. 4 passt	25. 5 passt
8. 5 passt	17. 2 passt	
9. 2 passt	18. 3 passt	

Zu 6.: 4. Es ist jede Zeile waagrecht zu betrachten. Die Kreise bewegen sich dabei gegen den Uhrzeigersinn eine Position weiter.

Zu 7.: 3. In den waagrechten Reihen ergeben die jeweils zwei kürzeren Striche zusammengesetzt die dritte Figur.

Zu 8.: 5. Das unterste Kästchen der ersten Spalte ergibt sich aus der Kombination der zwei darüber. Das unterste Kästchen der zweiten Spalte setzt sich ebenfalls aus den zwei darüber liegenden zusammen. Dabei überlappen sich zwei graue Kreise und ändern dadurch die Farbe zu schwarz. Zudem wird das unterste Kästchen der ersten Spalte hinzugefügt. Somit ergibt sich das gesuchte Kästchen aus den zwei darüberliegenden und den zwei links davon liegenden Kästchen. Auch hier färben sich überlappende Kreise schwarz.

Zu 9.: 2. Das mittlere Kästchen ist jeweils umgeben von identischen Figuren.

Zu 10.: 1. Die dritte Figur in der letzten Spalte setzt sich aus den Elementen der ersten beiden zusammen. Nur gemeinsame Elemente werden übernommen.

Zu 11.: 3. Horizontal ist in jeder Reihe die untere Figur gleich, davon zwei grau und eine schwarz. Das obere kleine Symbol muss in jeder horizontalen Reihe je einmal vorkommen.

Zu 12.: 4. Das Symbol der mittleren Reihe ergibt sich jeweils aus der Kombination des Kästchens darüber und darunter.

Zu 13.: 1. In jeder horizontalen Reihe muss die Figur jeweils ein-, zwei- und dreischichtig abgebildet sein.

Zu 14.: 5. Das Symbol wird in der vertikalen Reihe schrittweise jeweils um 90° im Uhrzeigersinn gedreht.

Zu 15.: 2. In jeder horizontalen Reihe muss eine Figur links, rechts und mittig angeordnet sein. Dabei soll eine schwarze, graue und schwarz-graue Figur vorkommen.

Zu 16.: 4. Jede Figur wird schrittweise pro Reihe um 90° im Uhrzeigersinn gedreht und muss je einmal vorkommen.

Zu 17.: 2. In jeder Reihe – egal ob horizontal oder vertikal – muss immer je einmal der kleine Kreis rechts, links und mittig dunkelgrau sein. Außerdem müssen entweder alle drei Figuren einer Reihe ein schwarzes Dreieck und ein dunkelgraues Viereck haben oder eines aus zwei schwarzen Dreiecken, eines aus zwei dunkelgrauen Vierecken und ein gemischtes vorhanden sein. Das ganze Gebilde muss zudem je Reihe nach rechts, links und unten ausgerichtet sein.

Zu 18: 3. Der hellgraue Kreis rotiert pro Figur jeweils von Ecke zu Ecke im Uhrzeigersinn. Das schwarze Dreieck bleibt dabei fest in einer Ecke und dreht sich jeweils um sich selbst um 90° im Uhrzeigersinn.

Zu 19.: 1. Zwei Figuren einer Reihe ergeben zusammengesetzt die dritte.

Zu 20.: 5. Die Figuren in der dritten Spalte ergeben sich durch das Zusammensetzen der zwei Figuren davor. Dabei werden sich überlappende Linien bzw. Pfeile gestrichen und nur die sich nicht überschneidenden Linien bleiben erhalten.

Zu 21.: 4. In jeder waagrechten Reihe befinden sich je ein Kreis, ein Quadrat und ein Fünfeck. Mit jeder Reihe nach unten nimmt die Anzahl der Striche ab – drei, zwei und zuletzt ein Strich.

Zu 22.: 1. Die dritte Figur in jeder Zeile setzt sich aus den Elementen der ersten beiden zusammen. Übernommen werden jedoch nur gemeinsame Elemente.

Zu 23.: 3. Die kleinen Dreiecke gehen alle Positionen im Kasten einmal durch – die einzige Position, die fehlt, ist mittig links. Dabei befinden sich in jeder waagrechten Seite zwei graue und ein schwarzes kleines Dreieck. Von den großen Figuren sind jeweils zwei schwarz und eine grau.

Zu 24.: 2. Die dritte Figur in jeder Zeile setzt sich aus den Elementen der ersten beiden zusammen. Gemeinsame Elemente werden jedoch nicht übernommen.

Zu 25: 5. Die dritte Figur in der letzten Spalte setzt sich aus den Elementen der ersten beiden zusammen. Nur gemeinsame Elemente werden übernommen.

Grundrechenaufgaben

Löse alle Aufgaben ohne Taschenrechner. Du darfst Nebenrechnungen auf ein Notizblatt machen. Schreibe die Ergebnisse ohne Trennung von Punkten. Beispiel: falsch = 12.500, richtig = 12500

Wie lautet das Ergebnis für die folgenden Aufgaben?

Zeit: **20 Minuten**

1. Aufgabe
5.473 + 8.569

2. Aufgabe
17.916,72 + 12.480,47

3. Aufgabe
4.982 + 1.675 + 3.102

4. Aufgabe
6.725 – 544 – 2.397

5. Aufgabe
548.912 – 375.869

6. Aufgabe
163.755 + 45.843 – 89.270

7. Aufgabe
75.178 – 69.430 – 390,75

8. Aufgabe
25.482,32 – 24.921,75

9. Aufgabe
9.489 x 8.112

10. Aufgabe
2.552 ÷ 44

11. Aufgabe
580,79 x 725,40

12. Aufgabe
12,15 x 0,08

13. Aufgabe
25,47 x 8,13

14. Aufgabe
989 ÷ 23

15. Aufgabe
26.415 ÷ 45

16. Aufgabe
380.138 ÷ 11

Lösungen: Grundrechenaufgaben

1. 14042	7. 5357,25	13. 207,0711
2. 30397,19	8. 560,57	14. 43
3. 9759	9. 76974768	15. 587
4. 3784	10. 58	16. 34558
5. 173043	11. 421305,066	
6. 120328	12. 0,972	

Rechenoperationen einsetzen

Bei dieser Aufgabe musst du die fehlenden Rechenzeichen (+, − , ×, ÷) in die Lücken einfügen, um auf das jeweilige Endergebnis zu kommen. Beim Lösen der Gleichungen gilt die Punkt- vor Strichrechnung.

Beispiel:
20 ___ 3 ___ 6 = 2

Die einzige Möglichkeit, um auf das korrekte Ergebnis zu kommen, ist:
20 − 3 × 6 = 20 − 18 = 2

Zeit: **10 Minuten**

1. 16 ___ 13 ___ 3 = 6

2. 11 ___ 16 ___ 2 = 3

3. 12 ___ 2 ___ 4 = 14

4. 10 ___ 14 ___ 2 = 17

5. 4 ___ 8 ___ 19 = 51

6. 3 ___ 5 ___ 9 = 48

7. 8 ___ 13 ___ 13 = 7

8. 6 ___ 7 ___ 3 = 45

9. 16 ___ 3 ___ 4 = 4

10. 23 ___ 24 ___ 2 = 71

11. 1 ___ 12 ___ 4 = 3

12. 13 ___ 4 ___ 7 = 41

13. 3 ___ 10 ___ 5 = 1

14. 15 ___ 10 ___ 4 = 154

15. 10 ___ 6 ___ 15 = 19

16. 9 ___ 2 ___ 5 = 13

17. 28 ___ 22 ___ 11 = 26

18.　　26 ___ 26 ___ 22 = 74

19.　　13 ___ 13 ___ 6 = 7

20.　　1 ___ 10 ___ 5 = 2

Lösungen

Zu 1.: $16 - 13 + 3 = 6$

Zu 2.: $11 - 16 \div 2 = 11 - 8 = 3$

Zu 3.: $12 - 2 + 4 = 14$

Zu 4.: $10 + 14 \div 2 = 10 + 7 = 17$

Zu 5.: $4 \times 8 + 19 = 32 + 19 = 51$

Zu 6.: $3 + 5 \times 9 = 3 + 45 = 48$

Zu 7.: $8 - 13 \div 13 = 8 - 1 = 7$

Zu 8.: $6 \times 7 + 3 = 42 + 3 = 45$

Zu 9.: $16 - 3 \times 4 = 16 - 12 = 4$

Zu 10.: $23 + 24 \times 2 = 23 + 48 = 71$

Zu 11.: $1 \times 12 \div 4 = 12 \div 4 = 3$

Zu 12.: $13 + 4 \times 7 = 13 + 28 = 41$

Zu 13.: $3 - 10 \div 5 = 3 - 2 = 1$

Zu 14.: $15 \times 10 + 4 = 150 + 4 = 154$

Zu 15.: $10 - 6 + 15 = 19$

Zu 16.: $9 \times 2 - 5 = 18 - 5 = 13$

Zu 17.: $28 - 22 \div 11 = 28 - 2 = 26$

Zu 18.: $26 + 26 + 22 = 74$

Zu 19.: $13 \div 13 + 6 = 1 + 6 = 7$

Zu 20.: $1 \times 10 \div 5 = 2$

Kopfrechnen

Deine mathematischen Fähigkeiten können unter anderem durch verschiedene Kopfrechenaufgaben geprüft werden. Dabei sind alle Grundrechenarten, Wurzelziehen, Potenzen sowie Bruchrechnung von Belang.

Dir steht, wie auch beim richtigen Test, sehr wenig Zeit zur Verfügung. Wenn du nicht alle Aufgaben in der Zeit schaffst, ist das in Ordnung! Lasse dich nicht aus der Ruhe bringen. Rechne alle Aufgaben konzentriert und zügig durch.

Zeit: 4 Minuten

1. Aufgabe
$\sqrt{121} = ?$

2. Aufgabe
$21^2 = ?$

3. Aufgabe
$44 + 17 + 88 = ?$

4. Aufgabe
$2.347 - 479 - 23 = ?$

5. Aufgabe
$24 \times 24 = ?$

6. Aufgabe
$57 \times 7 = ?$

7. Aufgabe
$13 \times 21 = ?$

8. Aufgabe
$4.619 + 193 - 348 = ?$

9. Aufgabe
$7 \times 31 - 30 = ?$

10. Aufgabe
$721 - 47 + 98 = ?$

11. Aufgabe
$12 \times 13 = ?$

12. Aufgabe
$35 \div 5 = ?$

13. Aufgabe
$23 \times 51 = ?$

14. Aufgabe
$15 \times 11 - 63 + 52 = ?$

15. Aufgabe
$57 + 14 + 36 = ?$

16. Aufgabe
$(5 + 3)^2 - 10 = ?$

17. Aufgabe
$14 \times 12 - 15 = ?$

18. Aufgabe
$79 - 35 + 88 = ?$

19. Aufgabe
56 − 28 = ?

20. Aufgabe
42 ÷ 6 = ?

Lösungen: Kopfrechnen

1. 11	8. 4.464	15. 107
2. 441	9. 187	16. 54
3. 149	10. 772	17. 153
4. 1.845	11. 156	18. 132
5. 576	12. 7	19. 28
6. 399	13. 1.173	20. 7
7. 273	14. 154	

Ergebnisse schätzen

Rechne das Ergebnis nicht genau aus, sondern schätze es. Das heißt, überschlage es grob oder stelle kurze rechnerische Überlegungen an.

Zeit: **10 Minuten**

1. Aufgabe: 548 × 315 =
a) 155.200
b) 175.644
c) 182.141
d) 172.620

2. Aufgabe: 17.495 − 8.795 − 712 =
a) 7.988
b) 8.088
c) 8.112
d) 7.898

3. Aufgabe: 25.187 + 12.327 + 37.589 =
a) 74.895
b) 75.235
c) 74.903
d) 75.103

4. Aufgabe: 389.455 − 294.981 =
a) 93.974
b) 94.474
c) 89.740
d) 104.447

5. Aufgabe: 3.840 × 1.420 =
a) 580.688
b) 3.880.120
c) 7.564.110
d) 5.452.800

6. Aufgabe: 47 × 98 + 1.223 =
a) 15.023
b) 5.829
c) 6.145
d) 5.459

7. Aufgabe: 49 × 49 =
a) 2.501
b) 2.401
c) 2.081
d) 2.481

8. Aufgabe: 69,2 % von 1.845 =
a) 1.195,45
b) 1.412,37
c) 1.276,74
d) 1.588,89

9. Aufgabe: 3,2 × 6,7 =
a) 21,44
b) 21
c) 22,14
d) 19,4

10. Aufgabe: 3,2 cm von 11,8 cm =
a) ≈ 27,11 %
b) ≈ 29,88 %
c) ≈ 24,56 %
d) ≈ 35,12 %

11. Aufgabe: 367,85 − 184,6 + 1.302,66 =
a) 1.405,81
b) 1.630,91
c) 1.485,91
d) 1.508,11

12. Aufgabe: 36.340 ÷ 92 =
a) 395
b) 508
c) 421
d) 348

13. Aufgabe: 23,23 − 14,5 + 6,06 =
a) 2,67
b) 13,79
c) 15,97
d) 14,79

14. Aufgabe: 8.589.723 − 6.993.930 =
a) 1.605.793
b) 1.495.883
c) 995.643
d) 1.595.793

15. Aufgabe: 85^2 =
a) 8.100
b) 7.225
c) 7.921
d) 6.825

16. Aufgabe: 6 € von 4,00 €=
a) 145 %
b) 150 %
c) 135 %
d) 160 %

Lösungen: Ergebnisse schätzen

1. d)	7. b)	13. d)
2. a)	8. c)	14. d)
3. d)	9. a)	15. b)
4. b)	10. a)	16. b)
5. d)	11. c)	
6. b)	12. a)	

Zu 1. d) Berechne die letzte Ziffer 5 × 8=40. Die letzte Ziffer muss also 0 sein. Rechne vereinfacht 5,5 × 3 = 16,5. Das Ergebnis liegt also über 160.000 somit kommt nur 172.620 in Frage.

Zu 2. a) Berechne die letzten Ziffern 95 − 95 − 12 = 88. Die letzte Ziffer muss also 88 sein. Überschlage den Rest, das Ergebnis muss unter 8.000 liegen. Somit kommt nur 7.988 in Frage.

Zu 3. d) Berechne die letzte Ziffer 7 + 7 + 9 = 23. Die letzte Ziffer muss also 3 sein. Per Überschlag mit gerundeten Werten stellt man außerdem fest, dass die Lösung über 75.000 ist.

Zu 4. b) Berechne die letzte Ziffer 5 − 1 = 4. Die letzte Ziffer muss also 4 sein. Nach Abzug mit gerundeten Werten muss das Ergebnis bei rund 95.000 liegen.

Zu 5. d) Berechne die letzte Ziffer 0 x 0 = 0. Die letzte Ziffer muss also 0 sein. Rechne vereinfacht 4 × 1,5 = 6 und 4 × 1 = 4. Das Ergebnis muss also kleiner als 6 und größer als 4 sein.

Zu 6. b) Berechne die letzte Ziffer 7 × 8 + 3 = 59. Die letzte Ziffer muss also 9 sein. Vereinfacht kann man dann 4,7 × 10 rechnen. 4.700 + 1.200 = 5.900, das Ergebnis muss also bei diesem Wert liegen. Hier kommt nur 5.829 in Frage.

Zu 7. b) Berechne die letzte Ziffer 9 × 9 = 81. Die letzte Ziffer muss also 1 sein. Wenn du per Überschlag mit 50 × 50 (5 × 5 = 25) rechnest, erhältst du 2.500. Der Wert muss aber mindesten um 98 (49 + 49) darunter liegen.

Zu 8. c) Für die Schätzung empfiehlt es sich, zuerst den Anteil von 10 % zu bestimmen: 1.845 ÷ 10 = 184,5. Da der Anteil bei gut 70 % liegt, kannst du jetzt vereinfacht rechnen: 18 × 7 = 126 (1.260). Das Ergebnis muss also bei einem Wert von 1.260 liegen.

Zu 9. a) Berechne die letzte Ziffer 2 × 7 = 14. Die letzte Ziffer muss also 4 sein. Rechne nun mit gerundeten Werten von 3 × 7 = 21. Die Lösung muss also in diesem Bereich liegen. Hier trifft nur 21,44 zu.

Zu 10. a) Hier empfiehlt es sich, die beiden Zahlen erst auf- bzw. abzurunden. Rechne nun mit den Zahlen 3 und 12. 3 cm sind 25 % von 12 cm (12 ÷ 3 = 4, 100 ÷ 4 = 25). Der Prozentwert liegt also bei 25 %. Da wir aber mit gerundeten Zahlen grob gerechnet haben, muss die Lösung etwas mehr als 25 % betragen.

Zu 11. c) Berechne die Nachkommastellen: 85 − 60 + 66 = 91. Die letzte Ziffer muss also 91 sein. Per Überschlag der restlichen Zahlen stellst du fest, dass das Ergebnis bei rund 1.500 liegen muss.

Zu 12. a) Um hier annähernd zum Ergebnis zu kommen, müssen erst einmal beide Zahlen gerundet werden. Wir runden wie folgt: 36.000 ÷ 90 = 400. Auch vereinfacht: 36 ÷ 9 = 4. Das Ergebnis liegt also bei etwa 400.

Zu 13. d) Berechne die letzte Ziffer 23 − 50 + 0,6 = 79. Per Überschlag erhältst du einen restlichen Wert von 15. Die Lösung muss also knapp darunter liegen.

Zu 14. d) Die Berechnung durch die letzte Ziffer kannst du dir hier sparen, da sie bei allen Lösungen 3 ist. Rechne mit aufgerundeten Millionenwerten: 8,6 − 7 = 1,6 (1.600.000). Da mit aufgerundeten Werten gerechnet wurde, muss das Ergebnis knapp darunter liegen.

Zu 15. b) Hier empfiehlt es sich, die Quadratzahlen bis 100 auswendig zu können. Die letzte Ziffer lässt sich berechnen: 5 × 5 = 25. Die letzte Ziffer ist also 5. Eine mögliche Rechnung sieht wie folgt aus: 8,5 × 8,5 = 72,25. Besser lässt es sich rechnen, wenn du eine 0,5 zu der anderen Zahl addierst: 8 × 9 = 72 (72 × 100 = 7.200) Nun bist du der Lösung schon sehr nah gekommen.

Zu 16. b) Hier bietet sich eine einfache Rechnung an. Wenn die 4 € 100 % sind, dann sind 8 € 200 %. Da der Wert aber nur um 2 € steigt, steigt der Prozentwert auch nur um 50 %.

Maße und Einheiten

Bei dieser Aufgabe musst du Maße und Einheiten umrechnen.

Zeit: **5 Minuten**

1. Wie viele Kubikzentimeter sind 775 Liter?
a) 77.500
b) 750
c) 7.500
d) 775.000

2. Wie viele Kilogramm sind 0,23 Tonnen?
a) 230
b) 23
c) 23.000
d) 2.300

3. Wie viele Meter sind 5.300 Zentimeter?
a) 5,3
b) 53
c) 530
d) 50,3

4. Wie viele Quadratmeter sind 420 Quadratzentimeter?
a) 42
b) 0,042
c) 4,2
d) 0,0042

5. Wie viele Gramm sind 2,5 Zentner?
a) 250.000
b) 1.250.000
c) 125.000
d) 12.500

6. Wie viele Hektar sind 6.400 Quadratmeter?
a) 0,64
b) 6,4
c) 64
d) 0,064

7. Wie viele Dezimeter sind 0,8 Kilometer?
a) 8.000
b) 800
c) 80.000
d) 800.000

8. Wie viele Liter sind 0,93 Milliliter?
a) 0,0093
b) 0,093
c) 0,00093
d) 0,000093

9. Wie viele Tage sind 432.000 Sekunden?
a) 7
b) 5
c) 2
d) 9

10. Wie viele Zentner sind 2.325 Kilogramm?
a) 93
b) 23,25
c) 46,5
d) 465

Lösungen: Maße und Einheiten

1. d)	5. c)	9. b)
2. a)	6. a)	10. c)
3. b)	7. a)	
4. b)	8. c)	

Zu 1. d) Ein Liter sind 1.000 Kubikzentimeter, also entsprechen 775 Liter 775.000 Kubikzentimeter: 775 x 1.000 cm³ = 775.000 cm³

Zu 2. a) Eine Tonne sind 1.000 Kilogramm, also entsprechen 0,23 Tonnen 230 Kilogramm: 0,23 x 1.000 kg = 230 kg

Zu 3. b) Ein Meter sind 100 Zentimeter, also entsprechen 5.300 Zentimeter 53 Meter: 5.300 ÷ 100 cm = 53 m

Zu 4. b) Ein Quadratmeter sind 10.000 Quadratzentimeter, also entsprechen 420 Quadratzentimeter 0,042 Quadratmeter: 420 ÷ 10.000 m² = 0,042 m²

Zu 5. c) Ein Zentner sind 50 Kilogramm und ein Kilogramm entsprechen 1.000 Gramm bzw. 50 Kilogramm sind 50.000 Gramm, also entsprechen 2,5 Zentner 125.000 Gramm: 2,5 x 50.000 g = 125.000 g

Zu 6. a) Ein Hektar sind 10.000 Quadratmeter, also entsprechen 6.400 Quadratmeter 0,64 Hektar: 6.400 ÷ 10.000 m² = 0,64 ha

Zu 7. a) Ein Kilometer sind 1.000 Meter bzw. 10.000 Dezimeter, also entsprechen 0,8 Kilometer 8.000 Dezimeter: 0,8 x 10.000 dm = 8.000 dm

Zu 8. c) Ein Liter sind 1.000 Milliliter, also entsprechen 0,93 Milliliter 0,00093 Liter: 0,93 ÷ 1.000 ml = 0,00093 l

Zu 9. b) Ein Tag sind 24 Stunden bzw. 1.440 Minuten bzw. 86.400 Sekunden, also entsprechen 432.000 Sekunden 5 Tage: 432.000 ÷ 60 ÷ 60 ÷ 24 = 5

Zu 10. c) Ein Zentner sind 50 Kilogramm, also entsprechen 2.325 Kilogramm 46,5 Zentner: 2.325 ÷ 50 kg = 46,5 Ztr

Symbolrechnen

In dieser Aufgabe musst du die Symbole durch Zahlen ersetzen, dabei stehen gleiche Symbole für gleiche Zahlen. Ein Symbol kann mit einer Zahl von 0 bis 9 ersetzt werden. Zeit: **10 Minuten**

1. Welche Zahl steht für Δ?

Δ × ΔΔ = ΩΩ

a) 4
b) 9
c) 3
d) 1

2. Welche Zahl steht für O?

Π + O − O − O = Π

a) 2
b) 0
c) 3
d) 6

3. Welche Zahl steht für Λ?

Λ × Λ = Λ + Λ

a) 2
b) 3
c) 6
d) 1

4. Welche Zahl steht für Π?

ΔΠ × Ψ = ΨΠ

a) 1
b) 7
c) 2
d) 0

5. Welche Zahl steht für Π?

ТХШ − Σ = ΠΠ

a) 9
b) 5
c) 7
d) 1

6. Welche Zahl steht für Ω?

ΛΛ + ΛΩ = ΩХ

a) 2
b) 0
c) 5
d) 4

7. Welche Zahl steht für Π?

(Π + Π) × (Π + Π) = ΠΨ

a) 3
b) 6
c) 2
d) 4

8. Welche Zahl steht für Δ?

ΔШ ÷ Ш = Ш

a) 7
b) 4
c) 5
d) 2

9. Welche Zahl steht für Ω?

$ΠΠ^2 = ΠΩΠ$

a) 1
b) 4
c) 2
d) 8

10. Löse alle Symbole.

ΛΠ − OΔ = ΨХ

÷ Λ × Λ = OХ −

= OΔ + Π = ΔΣ

Λ =

Π =

O =

Δ =

Ψ =

Х =

Σ =

Lösungen: Symbolrechnen

1. c)	5. a)	9. c)
2. b)	6.) d)	10. siehe unten
3. a)	7. a)	
4. d)	8. d)	

Zu 1.: c) 3
$\Delta \times \Delta\Delta = \Omega\Omega$
$3 \times 33 = 99$

Zu 2.: b) 0
$\Pi + O - O - O = \Pi$
O steht für die Zahl 0. Für das Symbol Π kann jede Zahl von 1 bis 9 eingesetzt werden.
$2 + 0 - 0 - 0 = 2$

Zu 3.: a) 2
$\Lambda \times \Lambda = \Lambda + \Lambda$
$2 \times 2 = 2 + 2$

Zu 4.: d) 0
$\Delta\Pi \times \Psi = \Psi\Pi$
Π steht für die Zahl 0. Für das Symbol Ψ kann jede Zahl von 1 bis 9 eingesetzt werden.
$10 \times 4 = 40$

Zu 5.: a) 9
$TX\text{Ш} - \Sigma = \Pi\Pi$
Π steht für die Zahl 9.
Für die erste Symbolreihe kommen mehrere Zahlen in Frage.
$102 - 3 = 99 \mid 103 - 4 = 99 \mid 104 - 5 = 99$ usw.

Zu 6.: d) 4

$\Lambda\Lambda + \Lambda\Omega = \Omega X$
$22 + 24 = 46$

Zu 7.: a) 3
$(\Pi + \Pi) \times (\Pi + \Pi) = \Pi\Psi$
$(3 + 3) \times (3 + 3) = 36$

Zu 8.: d) 2
$\Delta\text{Ш} \div \text{Ш} = \text{Ш}$
$25 \div 5 = 5$

Zu 9.: c) 2
$\Pi\Pi^2 = \Pi\Omega\Pi$
$11^2 = 121$

Zu 10.:
$\Lambda\Pi - O\Delta = \Psi X$
$\div \Lambda \times \Lambda = OX -$
$= O\Delta + \Pi = \Delta\Sigma$

$\Lambda = 4$
$\Pi = 8$
$O = 1$
$\Delta = 2$
$\Psi = 3$
$X = 6$
$\Sigma = 0$

$48 - 12 = 36$
$\div 4 \times 4 = 16$
$12 + 8 = 20$

Klammerrechnung

Rechne alle Aufgaben im Kopf aus und notiere gegebenenfalls Nebenrechnungen auf einem Notizblatt. Zeit: **20 Minuten**

1. Aufgabe:
$50 + (47 − 16) + 89 − (59 − 9) =$

2. Aufgabe:
$(82 − 45) + 32 − (11 − 5) − 16 =$

3. Aufgabe:
$68 − (49 − 38) + 58 − (40 − 7) =$

4. Aufgabe:
$70 − (38 − 13) + (41 − 11) − 19 =$

5. Aufgabe:
$76 + 24 − (30 − 23) + 19 + 62 =$

6. Aufgabe:
$56 + (52 − [26 + 11 − 40]) + 25 =$

7. Aufgabe:
$104 − 20 − (12 − [25 − 10]) + 12 =$

8. Aufgabe:
$64 + 26 − (37 − [20 + 18]) − 16 =$

9. Aufgabe:
$97 − (39 − 14) − (57 − [20 + 18]) =$

10. Aufgabe:
$5 × (3 − 1) × (8 + 8) =$

11. Aufgabe:
$8 × 5 − (7 + [5]) =$

12. Aufgabe:
$7 × 1 × (2) + (5 − 8) =$

13. Aufgabe:
$5 − (2 × 2 + [9 × 5]) =$

14. Aufgabe:
$6 − (6 × [7] − 9) =$

15. Aufgabe:
$7 + 7 × 6 − (8 − [3]) =$

16. Aufgabe:
$8 × 8 + (4 × [6]) =$

17. Aufgabe:
$6 × 8 × (9 − [8]) =$

18. Aufgabe:
$8 + (6 − 5 + [7] × 7) =$

19. Aufgabe:
$7 × (2) − 3 − (8 − 6) =$

20. Aufgabe:
$2 + 1 − 7 × (8) × (4) =$

21. Aufgabe:
$(-8) × 3 − (−12) × 3 =$

22. Aufgabe:
$−24 + 15 − (-3 × 33 − [7 × 5]) =$

23. Aufgabe:
$217 − 85 − (14 × [− 3] + 518) − 42 =$

24. Aufgabe:
$12 × 5 − 3 × (−3 × 8 + [−76]) =$

25. Aufgabe:
$(-212) \times 3 + 110 + (9 \times 6) =$

26. Aufgabe:
$2.750 - (5 \times 325) - (69 \div 3) =$

27. Aufgabe:
$32 - (840 - 584) \div (64 \div 4) \times 3$
$=$

28. Aufgabe:
$3 \times \{99 - [4 + 2\,(21 \div 3) \times 2] + 8\} - 6 =$

29. Aufgabe:
$(-3)^3 + (-2)^4 =$

30. Aufgabe:
$(-5)^4 + (-3)^5 =$

Lösungen: Klammerrechnung

1. 120	11. 28	21. 12
2. 47	12. 11	22. 125
3. 82	13. −44	23. −386
4. 56	14. −27	24. 360
5. 174	15. 44	25. −472
6. 136	16. 88	26. 1.102
7. 99	17. 48	27. −16
8. 75	18. 64	28. 219
9. 53	19. 9	29. −11
10. 160	20. −221	30. 382

Was ist bei der Klammerrechnung zu beachten?
Klammern drücken eine vorrangige Rechenoperation, vor anderen in der Rechenreihenfolge, aus.

- Regel 1: Punktrechnung geht vor Strichrechnung
- Regel 2: den Wert innerhalb der Klammern immer zuerst ermitteln
- Regel 3: Klammern innerhalb von Klammern sind zuerst aufzulösen. Klammern werden immer von innen nach außen aufgelöst.

Gleichungen lösen

Löse alle Aufgaben im Kopf und notiere dir gegebenenfalls deine Zwischenschritte auf ein Notizblatt. Löse die Gleichungen nach x auf.

Zeit: **10 Minuten**

1. Aufgabe
$13x - 4 = 52 + 5x$
|
|
|
x =

2. Aufgabe
$2x - 9 = -49 + 7x$
|
|
|
x =

3. Aufgabe
$3x + 12 = 92 - 7x$
|
|
|
x =

4. Aufgabe
$8x + 8 = 2 + 14x$
|
|
|
x =

5. Aufgabe
$13x + 5 = 33 + 9x$
|
|
|
x =

6. Aufgabe
$7x - 8 = -17 + 8x$
|
|
|
x =

7. Aufgabe
$21x + 10 = 74 + 13x$
|
|
|
x =

8. Aufgabe
$-4x - 6 = -18 + 2x$
|
|
|
x =

Lösungen

1. Aufgabe
$13x - 4 = 52 + 5x$
$13x - 5x - 4 = 52 \quad | - 5x$
$8x - 4 = 52 \qquad | + 4$
$8x = 56 \qquad | \div 8$
x = 7

2. Aufgabe
$2x - 9 = -49 + 7x$
$2x - 9 = -49 + 7x \quad | - 7x$
$-5x - 9 = -49 \quad | + 9$
$-5x = -40 \qquad | \div (-5)$
x = 8

3. Aufgabe
$3x + 12 = 92 - 7x$
$3x + 7x + 12 = 92 \quad | + 7x$
$10x + 12 = 92 \qquad | - 12$
$10x = 80 \qquad | \div 10$
x = 8

4. Aufgabe
$8x + 8 = 2 + 14x$
$8x - 14x + 8 = 2 \quad | - 14x$
$-6x = 2 - 8 \qquad | - 8$
$-6x = -6 \qquad | \div (-6)$
x = 1

5. Aufgabe
$13x + 5 = 33 + 9x$
$13x - 9x + 5 = 33 \quad | - 9x$
$4x + 5 = 33 \qquad | - 5$
$4x = 28 \qquad | \div 4$
x = 7

6. Aufgabe
$7x - 8 = -17 + 8x \quad | - 8x$
$-1x - 8 = -17 \qquad | + 8$
$-1x = -9 \qquad | \div (-1)$
x = 9

7. Aufgabe
$21x + 10 = 74 + 13x$
$21x - 13x + 10 = 74 \quad | - 13x$
$8x + 10 = 74 \qquad | - 10$
$8x = 64 \qquad | \div 8$
x = 8

8. Aufgabe
$-4x - 6 = -18 + 2x$
$-4x - 2x - 6 = -18 \quad | - 2x$
$-6x - 6 = -18 \qquad | + 6$
$-6x = -12 \qquad | \div (-6)$
x = 2

Prozentrechnung

Aufgaben zur Prozentrechnung sind sehr beliebt in Einstellungstests. Um die richtige Lösung zu finden, sollten die drei Werte Grundwert (G), Prozentwert (W) und Prozentsatz (p) ein Begriff sein, denn einer dieser Werte ist meistens gefragt und muss anhand der allgemeinen Formel (p % = W ÷ G) ermittelt werden. Bitte beachte an dieser Stelle, dass die Formel gegebenenfalls umgeformt werden muss.

p % = p ÷ 100

Beispiel

In der folgenden Beispielaufgabe wollen wir die Formel nun anwenden und aufzeigen, wie eine Aufgabe aus dem Bereich Prozentrechnung gelöst werden kann.

Beispielaufgabe: Wie viel sind 5 % von 200?
p = 5 %
G = 200
W = ?

Die oben gegebene Formel lässt sich nach den verschiedenen Variablen G, W und p umstellen.

p % = W ÷ G
W = p % × G
G = W ÷ p %

In diesem Fall ist W gesucht. Daher berechnen wir W = 5 % × 200 beziehungsweise W = (5 ÷ 100) × 200 = 10.

Zeit: **15 Minuten**

1. Von den 32 Schülern haben drei Schüler eine 1 geschrieben und weitere fünf haben die Note 2. Die anderen waren bei einer 3 oder schlechter. Wie viel Prozent der Schüler waren besser als eine 3?
a) 20 %
b) 40 %
c) 25 %
d) 30 %

2. Vor zehn Jahren gab es 35 % Singlehaushalte in der EU. Und es gab 260 Mio. Haushalte mit mehr als einer Person. Wie viele Singlehaushalte gab es in der EU?
a) 130 Mio.
b) 140 Mio.
c) 35 Mio.
d) 120 Mio.

3. Der Joghurt, den Meike kaufen möchte, ist 250 g schwer. Auf der Verpackung steht, dass dieser 16 g Fett enthält. Wie viel Prozent Fett enthält der Joghurt?
a) 6,4 %
b) 7,8 %
c) 16 %
d) 2,5 %

4. Herr Glück hat 900 Euro inklusive Zinsen von seinem Bankkonto abgehoben. Das Geld wurde ein Jahr lang zu einem stolzen Zinssatz von 20 % fest verzinst. Wie viel Kapital musste Herr Glück vor einem Jahr anlegen, um diese Summe zu erhalten?
a) 180 Euro
b) 750 Euro
c) 700 Euro
d) 450 Euro

5. Herr Schmidt kauft ein neues Auto für 50.000 Euro. Leider hat das Auto bereits nach kurzer Zeit einen Getriebeschaden, was hohe Reparaturkosten verursacht. Herr Schmidt erhält aus diesem Grund von seinem Händler 20 % des Kaufpreises erstattet. Wie viel Euro erhält Herr Schmidt vom Händler?
a) 10.000 Euro
b) 20.000 Euro
c) 25.000 Euro
d) 30.000 Euro

6. Frau Feldbusch kauft sich für 500 Euro Aktien. Aufgrund einer guten wirtschaftlichen Entwicklung steigen die Aktienkurse auf 200 % des eingesetzten Kapitals. Wie viel Euro sind diese Aktien nun Wert?
a) 500 Euro
b) 1.000 Euro
c) 2.000 Euro
d) 5.000 Euro

7. Wie drückt man das Verhältnis 16 von 32 in Prozent aus (Prozentsatz)?
a) 16 %
b) 32 %
c) 60 %
d) 50 %

8. 8 % sind 80 Einheiten, wie viel sind 100 % (Grundwert)?
a) 100 Einheiten
b) 1.000 Einheiten
c) 400 Einheiten
d) 4.000 Einheiten

9. Der Preis für eine Kilowattstunde wird von 0,25 Euro auf 0,30 Euro erhört. Wie hoch ist die Steigerung in %?
a) 20 %
b) 25 %
c) 30 %
d) 5 %

10. Bei meiner Stamm-Apotheke erhalte ich drei Prozent Rabatt auf alle Rechnungen. Meine letzte Rechnung betrug vor Abzug 40,00 Euro. Wie hoch war die Ersparnis?
a) vier Euro
b) zwölf Euro
c) 1,20 Euro
d) 0,40 Euro

11. Im Polizeibezirk Bochum arbeiten 1.500 Männer und 500 Frauen. Wie hoch ist der prozentuale Frauenanteil in diesem Bezirk?
a) 15 %
b) 20 %

c) 25 %

d) 30 %

12. Der Bauer hat insgesamt 90 Apfelbäume und will 18 weitere an-pflanzen. Wie viel Prozent sind das?

a) 18 %

b) 20 %

c) 24 %

d) 19 %

13. Der Pizza-Lieferservice wirbt mit 20 % Rabatt bei der nächsten Be-stellung. Luisa möchte sich eine 15,00 Euro Pizza bestellen. Wie hoch wäre die Ersparnis?

a) 2,50 Euro

b) 3,00 Euro

c) 2,00 Euro

d) 1,50 Euro

14. Wie hoch ist die Wahrscheinlichkeit in Prozent, als Kandidat bei der Show „Wer wird Millionär" eine Million Euro zu gewinnen, wenn es nur sechs Kandidaten von 300 schaffen?

a) 0,6 %

b) 1,5 %

c) 3 %

d) 2 %

15. Bei einer mobilen Blitzkontrolle beträgt die Wahrscheinlichkeit, dass jemand zu schnell fährt, etwa zehn Prozent. Die Blitzkontrolle wurde an einer vielbefahrenen Straße aufgebaut. Hier fahren von 7.00 Uhr bis 16.00 Uhr etwa 2.100 Autos entlang. Pro Ticket fallen Kosten von durchschnittlich zehn Euro an. Wie hoch ist der Betrag, der hier im genannten Zeitraum an Strafen eingenommen wird?

a) 2.100 Euro

b) 2.200 Euro

c) 2.300 Euro

d) 2.400 Euro

16. Wie viele Birnen können gekauft werden, wenn zehn Prozent von 80 Birnen vom Markt genommen wurden?
a) 76 Birnen
b) 88 Birnen
c) 70 Birnen
d) 72 Birnen

17. Ende April 2015 waren in den Bremer Justizvollzugsanstalten 1.350 Strafgefangene inhaftiert. Das sind etwa vier Prozent weniger als im Vorjahr, so das Statistikamt. Wie viele Strafgefangene waren im Vorjahr inhaftiert?
a) 1.445 Strafgefangene
b) 1.296 Strafgefangene
c) 1.406 Strafgefangene
d) 1.498 Strafgefangene

18. Im Jahr 2013 wurden deutschlandweit 9.640 Tote durch Verkehrsunfälle verzeichnet. Darunter waren 1.364 Motorradunfälle und 3.456 PKW-Unfälle. Wie viel Prozent der Tode wurden nicht durch Motorräder oder PKWs verursacht?
a) 15 %
b) 25 %
c) 50 %
d) 75 %

Lösungen: Prozentrechnung

1. c)	7. d)	13. b)
2. b)	8. b)	14. d)
3. a)	9. a)	15. a)
4. b)	10. c)	16. d)
5. a)	11. c)	17. c)
6. b)	12. b)	18. c)

Zu 1.: c) Zuerst muss die Anzahl der Schüler, die besser als eine 3 waren, berechnet werden: drei (Anzahl der Note 1) + fünf (Anzahl der Note 2) = acht. Eingesetzt in die Formel für Prozentrechnung, ergibt sich ein Wert von $p = 8 \div 32 \times 100\,\% = 25\,\%$.

Zu 2.: b) Um herauszufinden, wie viele Singlehaushalte es gegeben hat, muss zuerst die Gesamthaushaltszahl bestimmt werden. Hierzu stellen wir die Formel um: $G = W \div p\,\% \times 100\,\% = 260$ Mio. $\div 65\,\% \times 100\,\% = 400$ Mio. Mit Hilfe des berechneten Grundwerts lässt sich in Teilschritt zwei der Prozentwert durch $W = p\,\% \times G = 35\,\% \div 100\,\% \times 400$ Mio. $= 140$ Mio. ermitteln.

Zu 3.: a) Einsetzen in die Formel bringt: $p = 16 \div 250 \times 100\,\% = 6{,}4\,\%$.

Zu 4.: b) Mit $p = 120\,\%$ und $W = 900$ Euro erhält man: $G = W \div p \times 100\,\%$ = 750 Euro. Der Prozentsatz p wird so gewählt, da man im Vorjahr 100 % hatte und jetzt durch die Zinsen 20 % dazugekommen sind.

Zu 5.: a) Wird die Gleichung nach dem Prozentwert W umgestellt und für $p = 20\,\%$ und $G = 50.000$ Euro gewählt, so erhält man: $W = p\,\% \times G =$ 10.000 Euro

Zu 6.: b) Entsprechen 500 Euro gleich 100 %, so verdoppelt sich dieser Wert, um auf 200 % zu kommen. Antwort b) ist korrekt.

Zu 7.: d) $p = 16 \div 32 \times 100\,\% = 50\,\%$. In diesem Fall wird mit 100 % multipliziert, da das Resultat in Prozent gewünscht ist. Ist nur das Verhältnis gefragt, so stimmt Antwort d) ebenfalls.

Zu 8.: b) Mit W = 80 Einheiten und p = 8 %: G = W ÷ p × 100 % = 1.000 Einheiten.

Zu 9.: a) Bei dieser Aufgabe ist zu beachten, dass G und W richtig gewählt werden: Da es sich um eine Steigerung handelt, wird der Prozentsatz auch über 100 % betragen.

Daher müssen nach der Berechnung p = 0,30 ÷ 0,25 × 100 % = 120 %, mit W = 0,30 Euro und G = 0,25 Euro, die anfänglichen 100 % abgezogen werden, um auf die reine Steigerung zu kommen.

Zu 10.: c) Siehe Lösung Aufgabe 5: W = p % × G = 1,20 Euro

Zu 11.: c) Die große Gefahr ist hierbei, dass anstatt mit 2.000 Beschäftigten nur mit dem Anteil der Männer von 1.500 Arbeitern gerechnet wird. Eingesetzt ergibt dies: p = 500 ÷ 2.000 × 100 % = 25 %

Zu 12.: b) p = 18 ÷ 90 × 100 % = 20 %

Zu 13.: b) Siehe Lösung Aufgabe 5: W = p % × G = 3,00 Euro

Zu 14.: d) p = 6 ÷ 300 × 100 % = 2 %

Zu 15.: a) Diese Aufgabe besteht aus zwei Teilschritten: die Berechnung der Anzahl an Autos, die mit großer Wahrscheinlichkeit zu schnell fahren, und der daraus resultierenden Gesamtsumme. Für Ersteres dient die Formel W = p % × G = 210 Autos, mit p = 10 % und G = 2.100 Autos. Da jedes Auto durchschnittlich 10 € bezahlt, lautet das Resultat in Teilschritt 2: 210 × 10 € = 2.100 €.

Zu 16.: d) Siehe Lösung Aufgabe 5: W = p % × G = 72 Stück. Hierbei ist zu beachten, dass nicht die im Text erwähnten 10 % für p gewählt werden, sondern die verbleibenden 90 %.

Zu 17.: c) Die Ende April 2015 1.350 Inhaftierten (= W) sind 96 % (= p) im Vergleich zu diesem Jahr, daher wird die Formel nach G umgestellt: G = W ÷ p % = 1.406 Inhaftierte

Zu 18.: c) Da nach den Verkehrsunfällen gefragt ist, welche weder von PKWs noch Motorrädern verursacht worden sind, müssen von den 9.640 Toten insgesamt 4.820 Opfer (Summe der Motorrad- und PKW-Unfälle) subtrahiert werden. So berechnet sich p nach: p = 4.820 ÷ 9.640 × 100 % = 50 %

Zinsrechnung

Die **Deutsche Zinsmethode** sieht vor, dass jeder Monat mit 30 Zinstagen und ein gesamtes Jahr mit 360 Zinstagen gerechnet wird. Somit werden Monate, die als Ganzes zwischen Anfangsdatum und Enddatum des Zinszahlungszeitraums liegen, unabhängig von ihrer tatsächlichen Tagesanzahl mit je 30 Tagen gezählt.

Löse alle Aufgaben und trage das Ergebnis entsprechend ein. Bei Rechenaufgaben darfst du Nebenrechnungen auf ein Notizblatt schreiben.

Zeit: **10 Minuten**

1. Ein Kapital von 22.500 € wird zu einem Zinssatz von 7,5 % angelegt. Wie hoch ist der Zins nach neun Monaten und zehn Tagen?

Ergebnis: _____ €

2. Das Haus der Familie Müller ist mit einer Hypothek belastet. Familie Müller zahlt bei einem Zinssatz von 8,5 % monatlich 637,50 € Zinsen. Wie hoch ist die Hypothek?

Ergebnis: _____ €

3. Herr Schmidt kauft ein Auto zum Preis von 13.750 € und lässt diese Summe vom Autohändler finanzieren. In einem Jahr hat Herr Schmidt 15.331,25 € gezahlt. Wie hoch war der Zinssatz?

Ergebnis: _____ %

4. Zum Bau eines Einfamilienhauses benötigt Familie Koch eine Hypothek von 150.000 €. Die Zinsen für die ersten fünf Jahre sind auf 6 % pro Jahr festgelegt. Außerdem muss Familie Koch 1 % Tilgung pro Jahr zahlen. Wie hoch sind die monatlichen Kosten der Familie Koch?

Ergebnis: _____ €

5. Ein Sparer erhält für sein Kapital von 42.500 € bei einem Zinssatz von 6,5 % 552,50 € ausgezahlt. Wie lange war das Kapital angelegt?

Ergebnis: _____ Tage

6. Für ein Darlehn von 33.000 € mussten bei einem Zinssatz von 8 % insgesamt 9.240 € an Zinsen gezahlt werden. Nach welcher Zeit wurde das Darlehen abgelöst?

Ergebnis: _____ Monate

7. Ein Kleinwagen kostet 15.600€, wenn er bar bezahlt wird. Das Auto kann auch in zwei Raten zu 8.000€ bezahlt werden, wobei die erste Rate sofort und die zweite nach einem halben Jahr fällig ist. Wie viel beträgt der Zinssatz, den der Verkäufer bei diesem Abzahlungsgeschäft verlangt?

Ergebnis: _____ %

8. Deine Eltern haben für dich auf der Bank Festgeld bei einem Zinssatz von 3,00 % angelegt. Nach einem Jahr werden dir auf deinem Sparbuch dafür 45 € Zinsen gutgeschrieben.
a) Berechne, wie viel Geld deine Eltern für dich angelegt haben.
b) Berechne, wie viel Zinsen du in zehn Tagen erhältst.

Ergebnis:
a) = _____ €
b) = _____ €

Lösungen mit möglichen Lösungswegen

Zu 1.: **1.312,50 €**
Jahreszins = 22.500 € × 7,5 % ÷ 100 %= 1.687,50€
Tageszins = 1.687,50 € ÷ 360 = 4,6875 €
Gesamtzins = 4,6875 € × 280 = 1.312,50 €

Zu 2.: **90.000 €**
Jahreszahlung= 637,50 € × 12 = 7.650 €
Kapital = 7.650 € ÷ 8,5 % × 100 % = 90.000 €

Zu 3.: **11,5 %**
Zinszahlung = 15.331,25 € - 13.750 €= 1.581,25 €
Prozentwert= 1.581,25 € ÷ 13.750 € × 100 % = 11,5 %

Zu 4.: **875 €**
Jahreszins = 150.000 € ÷ 100 % × 7 % = 10.500 €
Monatszins = 10.500 € ÷ 12 = 875€

Zu 5.: **72 Tage**
Jahreszins = 42.500 € × 6,5 % ÷ 100 %= 2.762,50 €
Tageszins = 2.762,50 € ÷ 360 = 7,67361111 €
Anlagedauer = 552,50 € ÷ 7,67361111 € = 72

Zu 6.: **42 Monate**
Jahreszins = 33.000 € × 8 % ÷ 100 % = 2.640 €
Monatszins = 2.640 € ÷ 12 = 220 €
Anlagedauer = 9.240 € ÷ 220 € = 42

Zu 7.: **5,263 %**
Der Verkäufer leiht dem Käufer 7.600 Euro für ein halbes Jahr und ver-
langt dafür eine „Gebühr" von 400 Euro.
Zinssatz = 400 € × 100 % ÷ 7.600 € = 5,263 %

Zu 8. a) **1.500€**, b) **1,25 €**
Zu a): Anlagesumme = 45 € × 100 % ÷ 3 % = 1.500 €
Zu b) Tageszins = 45 € ÷ 360 = 0,125 €
Tageszins = 0,125 € x 10 = 1,25 €

Dreisatz

Der Dreisatz (auch Verhältnisgleichung genannt) ist ein Lösungsverfahren, um in den meisten Fällen aus drei gegebenen Werten eines Verhältnisses den unbekannten vierten Wert zu berechnen. Dabei unterscheidet man bei der Schwierigkeit der Aufgaben zwischen einem einfachen Dreisatz (je mehr A, desto mehr B), umgekehrten Dreisatz (Je mehr A, desto weniger B) und zusammengesetzten Dreisatz (beispielsweise je mehr A und je weniger B, desto mehr C).

Beispiel
Das folgende Beispiel soll dir helfen, die Vorgehensweise zur Lösung von Dreisatzaufgaben ins Gedächtnis zu rufen:

Beispielaufgabe: Drei Hamburger kosten neun Euro. Wie viel kosten vier Hamburger?

Meistens wird bei Dreisatzaufgaben versucht, zunächst den Wert für eine Sache zu berechnen. In diesem Fall also der Preis für einen Hamburger.

Da drei Hamburger neun Euro kosten, berechnen wir neun Euro ÷ drei Hamburger = drei Euro pro Hamburger. Ein Hamburger kostet also drei Euro.

Da an der Stelle nach vier Hamburgern gefragt ist, berechnen wir: vier × drei Euro = zwölf Euro. Vier Hamburger kosten also zwölf Euro.

Zeit: **20 Minuten**

1. Anlässlich des Firmenjubiläums von sechs Mitarbeitern, welche zusammen 60 Jahre bei dieser Firma arbeiten, erhalten diese eine Prämie von insgesamt 1.200 Euro. Die Prämie errechnet sich nach der Anzahl der Dienstjahre. Karim Schuster wird nächstes Jahr sein 15-jähriges Jubiläum erreichen und überlegt, ob er mit der Prämie seinen Jahresurlaub zahlen kann, der 540 Euro kosten wird. Kann er das?
a) Ja, er kann den Urlaub mit der Prämie zahlen.
b) Nein, er kann den Urlaub nicht mit der Prämie zahlen.
c) Ja, es bleibt sogar noch was für Cocktails übrig.
d) Ja, wenn er noch 80 Euro dazuzahlt.

2. Eine Belegschaft von zwölf Arbeitern hat in je acht Stunden an sieben Tagen 390.000 Federn produziert. Über einen Zeitraum von 16 Tagen sollen 2.340.000 Federn produziert werden. Wie viele Arbeiter werden am Band benötigt, wenn acht Stunden am Tag gearbeitet wird?

a) unter 20 Arbeiter

b) zwischen 20 und 29 Arbeiter

c) zwischen 30 und 36 Arbeiter

d) mehr als 36 Arbeiter

3. Zwei Pumpen füllen in sechseinhalb Stunden einen Pool, welcher 13.000 Liter fasst. Für einen Pool, der 21.000 Liter fasst, werden drei dieser Pumpen verwendet. Wie lange benötigen diese Pumpen, um den Pool zu füllen?

a) vier Stunden

b) fünf Stunden

c) sechs Stunden

d) sieben Stunden

4. Hans möchte Rindfleisch kaufen. 450 g kosten 13,50 Euro. Was kostet ein Kilogramm Rindfleisch?

a) 28 Euro

b) 27 Euro

c) 45 Euro

d) 30 Euro

5. Für die Vorbereitungen auf einen Tornado stattet Familie Frisch ihren Bunker aus. Vor einigen Jahren ist das Ehepaar mit neun Konserven und zwölf Litern Wasser für drei Tage ausgekommen. Mittlerweile hat das Ehepaar zwei Kinder und möchte sich im Notfall für fünf Tage versorgen können. Wie viele Konserven und wie viel Liter Wasser sollte die Familie in den Bunker bringen, wenn jede Person die gleiche Menge verbraucht?

a) zehn Konserven und 15 Liter Wasser

b) 15 Konserven und 25 Liter Wasser

c) 20 Konserven und 30 Liter Wasser

d) 30 Konserven und 40 Liter Wasser

6. Aus drei Brunnen können maximal 24 Familien mit Wasser versorgt werden. Wie viele Familien können aus 20 Brunnen mit Wasser versorgt werden?
a) 160 Familien
b) 140 Familien
c) 120 Familien
d) 150 Familien

7. Ein Weizenfeld wird von fünf Mähdreschern in neun Tagen bestellt. Wie lange brauchen 15 Mähdrescher dafür?
a) drei Tage
b) vier Tage
c) fünf Tage
d) sechs Tage

8. Zwei Maurer brauchen 48 Stunden, um eine Mauer hochzuziehen. Wie viele Stunden benötigen sechs Maurer für die gleiche Arbeit?
a) zehn Stunden
b) 16 Stunden
c) 18 Stunden
d) 24 Stunden

9. Mona ist 24 Kilometer gefahren und hat 1,2 Liter Benzin verbraucht. Wie viel Liter verbraucht sie auf 100 Kilometern?
a) zehn Liter
b) fünf Liter
c) acht Liter
d) 2,4 Liter

10. Um ein Waldstück von 80.000 Quadratmetern abzusuchen, benötigen zehn Polizisten 40 Stunden. Wie lange benötigen fünf Polizisten für eine Fläche von 50.000 Quadratmetern?
a) 25 Stunden
b) 50 Stunden
c) 80 Stunden
d) 100 Stunden

11. Für die Strecke von der Polizeiwache zum Einsatzort benötigt der Fahrer 24 Minuten bei der zulässigen Höchstgeschwindigkeit von 80 km/h. Mit Blaulicht kann er etwa 40 km/h schneller fahren. Wie lange benötigt er für die Strecke, wenn er das Blaulicht verwendet?

a) vier Minuten

b) 16 Minuten

c) 20 Minuten

d) 48 Minuten

12. Für die Fertigstellung eines Rohbaus von einem neuen Gebäudeteil benötigen vier Bauarbeiter, die täglich sieben Stunden arbeiten, 20 Tage. Ein Maurer hatte einen Arbeitsunfall. Die übrigen Bauarbeiter können den Verlust etwas kompensieren, indem sie täglich eine Stunde länger arbeiten, also acht Stunden am Tag. Wie viele Tage dauert es nun, bis der neue Gebäudeteil fertiggestellt wird?

a) ca. 20 Tage

b) ca. 21 Tage

c) ca. 23 Tage

d) ca. 33 Tage

13. Zwei Fliesenleger benötigen für das Fliesen einer 32 Quadratmeter großen Garage vier Stunden. Wie lange brauchen fünf Fliesenleger für 40 Quadratmeter?

a) fünf Stunden

b) vier Stunden

c) drei Stunden

d) zwei Stunden

14. Um eine Mauer von 32 Quadratmeter zu ziehen, brauchen zwei Maurer vier Stunden. Wie lange brauchen drei Maurer für eine 144 Quadratmeter Mauer?

a) zehn Stunden

b) elf Stunden

c) zwölf Stunden

d) 15 Stunden

15. Für eine Strecke benötigt man neun Stunden bei einer Geschwindigkeit von 80 km/h. Wie hoch muss die Geschwindigkeit sein, wenn man diese Strecke in sechs Stunden schaffen möchte?

a) 90 km/h

b) 100 km/h

c) 110 km/h

d) 120 km/h

16. Ein leitender Angestellter möchte vom Unternehmen ein Geschäftsauto gestellt bekommen. Er muss allerdings ein Prozent des Kaufwertes monatlich versteuern. Wie viel Euro muss er im Jahr zusätzlich versteuern, wenn das Geschäftsauto 32.000 Euro kostet?
a) 8.340 Euro
b) 3.840 Euro
c) 320 Euro
d) 3.200 Euro

17. Ein Polizeiauto verbraucht auf 100 Kilometer etwa neun Liter Benzin. Wie viel Benzin benötigt dieses Auto für 350 Kilometer?
a) 31,5 Liter Benzin
b) 32 Liter Benzin
c) 32,5 Liter Benzin
d) 33,5 Liter Benzin

18. Für eine kleine Feier zum Einstand plant Lara, für sich und ihre elf Kollegen 60 Euro für Getränke ein. Kurzfristig melden sich vier Personen ab. Für das übrige Geld möchte sie nun noch einen edlen Tropfen kaufen. Wie viel Geld kann sie dafür ausgeben?
a) 15 Euro
b) 20 Euro
c) 25 Euro
d) 30 Euro

19. In fünf Tagen schaffen es zwei Paketdienste 800 Päckchen auszuliefern. Wie viele Päckchen können maximal ausgeliefert werden, wenn drei Paketdienste nur zwei Tage Zeit haben?
a) 480 Päckchen
b) 1.200 Päckchen
c) 240 Päckchen
d) 320 Päckchen

20. Von einem Containerschiff werden in 30 Minuten sieben Container entladen. Wie lange dauert die Entladung von 56 weiteren Containern?
a) vier Stunden
b) fünf Stunden
c) sechs Stunden
d) sieben Stunden

21. Vier Arbeiter benötigen zwölf Arbeitsstunden, um ein Waldstück vollständig zu roden. Welche Zeit benötigen zehn Arbeiter für dieselben Rodungsarbeiten?
a) vier Stunden 48 Minuten
b) vier Stunden acht Minuten
c) vier Stunden 36 Minuten
d) vier Stunden 54 Minuten

22. Ein Student gibt an 14 Tagen im Monat jeweils fünf Euro in der Mensa aus. Für wie viele Tage würde das gleiche Geld reichen, wenn er jeweils nur 3,50 Euro ausgeben würde?
a) 20 Tage
b) 25 Tage
c) 17 Tage
d) 19 Tage

Lösungen: Dreisatz

1. b)	9. b)	17. a)
2. c)	10. b)	18. b)
3. d)	11. b)	19. a)
4. d)	12. c)	20. a)
5. d)	13. d)	21. a)
6. a)	14. c)	22. a)
7. a)	15. d)	
8. b)	16. b)	

Zu 1.: b) Da die Prämie anhand der geleisteten Dienstjahre aufgeteilt wird, muss als Erstes ermittelt werden, wie viel Prozent Karim Schuster von dem Geld erhält. Dazu erfolgt die Rechnung: p = 15 ÷ 60 × 100 % = 25 % (siehe hierzu Kapitel Prozentrechnung). Um nun Karim Schusters Summe zu errechnen, multipliziert man die 1.200 Euro mit 0,25 (1 = 100

%, 0,25 = 25 %) und erhält einen Betrag von 300 Euro. Daher kann er den Urlaub nicht vollständig mit seiner Prämie bezahlen.

Zu 2.: c) Zuerst wird berechnet, wie viele Federn ein Arbeiter pro Tag herstellen kann: 390.000 Federn ÷ 7 Tage = 55.714 Federn/Tag. Auf einen Mitarbeiter kommen somit 55.714 Federn ÷ 12 Arbeiter = 4.643 Federn. Wenn nun 2.340.000 Federn in 16 Tagen produziert werden sollen, müssen 2.340.000 Federn ÷ 16 Tage = 146.250 Federn/Tag hergestellt werden. Durch den ersten Schritt liegt die Erkenntnis vor, dass ein Mitarbeiter 4.643 Federn/Tag schafft. Somit werden 146.250 Federn ÷ 4.643 Federn = 31,5 (Mitarbeiter) benötigt.

Zu 3.: d) Wenn zwei Pumpen 13.000 Liter befördern, trägt jede der beiden mit 6.500 Liter bei. Da sie den Pool in 6,5 Stunden befüllen, werden 1.000 Liter pro Stunde gepumpt (6.500 Liter/6,5h = 1.000 Liter/h). Für einen Pool mit 21.000 Liter Fassvermögen und drei Pumpen wird die gleiche Rechnung angewendet. Jede Pumpe trägt mit 7.000 Liter Gesamtvolumen bei. Bei 1.000 Liter pro Stunde brauchen die drei Pumpen also sieben Stunden, um den Pool zu füllen.

Zu 4.: d) Der klassische Dreisatz lässt sich auch grafisch lösen:
450 g → 13,50 Euro
1.000 g → x
x = 1.000 ÷ 450 × 13,50 Euro = 30 Euro

Zu 5.: d) Wenn zwei Personen zwölf Liter Wasser und neun Konserven in drei Tagen verbrauchen, so verbrauchen sie zu zweit pro Tag 12 Liter ÷ 3 = 4 Liter Wasser und 9 Konserven ÷ 3 = 3 Konserven pro Tag. Um nun den Fünf-Tages-Vorrat für vier Personen zu bestimmen, werden die Pro-Tag-Mengen mal zwei multipliziert und anschließend mal fünf: 4 Liter × 2 (Zwei Menschen werden zu einer „Einheit" zusammengefasst.) × 5 Tage = 40 Liter und 3 Konserven × 2 × 5 = 30 Konserven

Zu 6.: a) Wenn drei Brunnen 24 Familien versorgen, versorgt ein Brunnen alleine maximal acht Familien. Somit können von 20 Brunnen acht Familien × 20 = 160 Familien leben.

Zu 7.: a) Fünf Mähdrescher benötigen neun Tage für ein Feld. Wird nun aber die dreifache Menge an Mähdreschern eingesetzt, so brauchen sie nur ein Drittel der Zeit, ergo drei Tage.

Zu 8.: b) Zwei Maurer arbeiten 48 Stunden für eine Mauer, somit beträgt die Arbeitszeit für einen Maurer, um eine Mauer hochzuziehen, 96 Stunden.

Arbeiten nun sechs Maurer gleichzeitig, minimiert sich die Arbeitszeit auf 96 Stunden ÷ 6 Arbeiter = 16 Stunden.

Zu 9.: b) Siehe Lösung Aufgabe 4: x = 100 ÷ 24 × 1,2 l = 5 Liter

Zu 10.: b) Ein Polizist sucht pro Stunde 200 Quadratmeter ab (80.000 ÷ 10 ÷ 40 = 200). Für eine Fläche von 50.000 Quadratmetern benötigen somit fünf Polizisten 50 Stunden Zeit. (50.000 ÷ 200 ÷ 5 = 50 Stunden).

Zu 11.: b) Mit Blaulicht fährt der Fahrer 120 km/h. Ohne Blaulicht bewegt sich der Fahrer nur mit zwei Drittel der Geschwindigkeit fort. Braucht er also mit 80 km/h 24 Minuten, so legt er die Strecke mit höherem Tempo in einer Zeit von ⅔ × 24 Minuten = 16 Minuten zurück (Er spart sich somit ein Drittel der Zeit, da er um ein Drittel schneller fährt mit Blaulicht.).

Zu 12.: c) Insgesamt arbeiten vier Bauarbeiter 560 Stunden, um den Rohbau fertigzustellen: 4 Arbeiter × 7 Stunden = 28 Stunden Gesamtarbeitszeit pro Tag, 28 Stunden × 20 Tage = 560 Stunden. Drei Arbeiter, die jeden Tag acht Stunden arbeiten, weisen eine Gesamtarbeitszeit von 24 Stunden pro Tag auf. Somit folgt: 560 Stunden ÷ 24 Stunden (je Tag) = 23,33 Tage

Zu 13.: d) Zwei Fliesenleger brauchen vier Stunden für 32 Quadratmeter. Ein Fliesenleger bearbeitet somit in vier Stunden 16 Quadratmeter. In einer Stunde daher 16 Quadratmeter ÷ 4 Stunden = 4 Quadratmeter. Arbeiten fünf Fliesenleger gleichzeitig, schaffen sie in einer Stunde 20 Quadratmeter. Da die doppelte Fläche zu fliesen ist, benötigen sie zwei Stunden.

Zu 14.: c) Siehe Lösung Aufgabe 13: In einer Stunde schafft ein Maurer vier Quadratmeter, daher ziehen drei Maurer zwölf Quadratmeter Mauer in einer Stunde hoch.

Da die zu bauende Mauer 144 Quadratmeter Fläche besitzt, benötigen drei Maurer zwölf Stunden: 144 Quadratmeter ÷ 12 Quadratmeter pro Stunde = 12 Stunden

Zu 15.: d) Mit Hilfe der Formel s = v × t, wobei s für die zurückgelegte Strecke, t für die Zeit und v für die Geschwindigkeit steht, ermittelt man zuerst die Gesamtstrecke: s = 80 km/h × 9 h = 720 km. Wird die Zeitspanne verringert, so muss die Geschwindigkeit zunehmen: v = s ÷ t = 720 km ÷ 6 h = 120 km/h

Zu 16.: b) Die monatliche Steuer des Angestellten beträgt 32.000 Euro × 0,01 = 320 Euro. Somit muss er jährlich 320 Euro × 12 = 3.840 Euro Abgaben zahlen.

Zu 17.: a) Für 100 km verbraucht das Auto neun Liter Benzin. Fährt er jetzt 3,5-mal so viel, steigt auch sein Verbrauch um das 3,5-fache: 9 Liter Benzin × 3,5 = 31,5 Liter Benzin.

Zu 18.: b) Die eingeplanten 60 Euro verteilen sich gleichmäßig auf zwölf Gäste: 60 Euro ÷ 12 Gäste = 5 Euro pro Gast. Sagen nun vier Gäste ab, stehen Lara 20 Euro zum Kauf eines edlen Tropfens zur Verfügung: 5 Euro × 4 = 20 Euro

Zu 19.: a) Zwei Paketdienste liefern in fünf Tagen 800 Päckchen aus. Daher liefert ein Paketdienst 400 Päckchen in fünf Tagen und 80 Pakete an einem Tag aus: 800 Päckchen ÷ 2 = 400 Päckchen, 400 Päckchen ÷ 5 Tage = 80 Pakete pro Tag. Stellen drei Lieferanten gleichzeitig 80 Pakete am Tag zu, schaffen sie in Summe 240 pro Tag. Da sie zwei Tage Zeit haben, verdoppelt sich der Wert: 240 Pakete pro Tag × 2= 480 Pakete pro Tag

Zu 20.: a) In 30 Minuten können sieben Container entladen werden. Insgesamt fehlen noch 56 = 7 × 8 Container. Wie zu erkennen ist, ist die Zahl 56 das Achtfache von sieben, daher dauert die Entladung noch 8 × 0,5 Stunden = 4 Stunden.

Zu 21.: a) Die Gesamtarbeitszeit der vier Arbeiter beträgt 4 × 12 Stunden = 48 Stunden. Verteilen sich diese Stunden auf zehn Arbeiter, so benötigen sie 4,8 Stunden bei gleichzeitigem Roden. Zu beachten ist, dass eine Umrechnung in Minuten erfolgen muss: 60 Minuten × 0,8 (da 80 % der Stunde benötigt wird) = 48 Minuten

Zu 22.: a) Der Student verbraucht insgesamt 14 Tage × 5 Euro = 70 Euro in der Mensa. Reduziert er seinen täglichen Verzehr auf 3,50 Euro, so kann er an 70 ÷ 3,50 Euro pro Tag = 20 Tagen davon essen.

Sprachanalogien

Sogenannte Sprachanalogien werden in zahlreichen Aufnahmetests verwendet. So gehören Aufgaben vom Typ Sprachanalogie zum Standardwerkzeug im Eignungstest für Zoll.

Die Aufgabe dabei ist, die Wortgleichung sinnvoll zu ergänzen. Das erste und zweite Wort in der Gleichung stehen in einer Beziehung zueinander. Ziel ist es, zwischen dem dritten und dem Lösungswort eine ähnliche Beziehung herzustellen. Richtig ist immer nur eine Lösung.

Zeit: **10 Minuten**

1. Linde / Eiche = Dackel / ?
a) Boxer
b) Hund
c) Vierbeiner
d) Schnauze

2. Bleistift / spitzen = Messer / ?
a) schneiden
b) stechen
c) schleifen
d) scharf

3. Bluse / T-Shirt = kurze Hose / ?
a) Rock
b) Unterhose
c) BH
d) Unterwäsche

4. Herbst / Apfel = Obst / ?
a) Sommer
b) Monat
c) Jahreszeit
d) Gemüse

5. Mensch / Nahrung = Auto / ?
a) Getriebe

b) Benzin
c) Reifen
d) Vordersitz
e) Windschutzscheibe

6. Obst / Banane = Gemüse / ?
a) Gurke
b) Kiwi
c) Apfel
d) Orange
e) Grapefruit

7. Küken / Vögel = Baby / ?
a) Rentner
b) Erwachsener
c) Jugendlicher
d) Homo Sapiens
e) Kleinkind

8. Skateboard / fahren = Pferd / ?
a) dressieren
b) reiten
c) füttern
d) schlachten
e) streicheln

9. hoch / tief = schnell / ?

a) lang
b) unendlich
c) breit
d) weit
e) langsam

10. Papier / Stift = Wand / ?

a) Schere
b) Kleber
c) Perforator
d) Wandfarbe
e) Tapete

11. Tee / Wasser = Kaffee / ?

a) Bohnen
b) Tasse
c) Wasser
d) Kanne
e) Schwarz

12. wenig / viel = null / ?

a) unendlich
b) nichts
c) mehr
d) ein bisschen
e) 1.000

13. Flugzeug / Himmel = Deutschland / ?

a) Universum
b) Berge
c) Land
d) Amerika
e) Europa

14. lachen / Freude = weinen / ?

a) Spaß
b) lustig
c) Trauer

d) Ekel
e) Tränen

15. Sommer / Sonne = Winter / ?

a) Blumen
b) kalt
c) langweilig
d) Schnee
e) Frühling

16. Morgen / Kind = Abend / ?

a) Mensch
b) Erwachsener
c) Frau
d) Junge
e) Affe

17. Herz / Mensch = Adler / ?

a) Krieg
b) Himmel
c) Sand
d) Frieden
e) Hass

18. Tier / Fell = Baum / ?

a) Wurzel
b) Rinde
c) Ast
d) Blätter
e) Stamm

19. Kilogramm / Gewicht = Minute / ?

a) Armbanduhr
b) Stunde
c) Tag
d) Zeit
e) Jahr

20. Meter / Länge = Unze / ?
a) Gold
b) Römer
c) Entfernung
d) Zeit
e) Masse

21. Hamburger / USA = Fish and Chips / ?
a) Deutschland
b) Großbritannien
c) Polen
d) Russland
e) Frankreich

22. vorwärts / rückwärts = rechts / ?
a) oben
b) unten
c) links
d) vorne
e) hinten

23. Knopf / Plastik = T-Shirt / ?
a) Glas
b) Holz
c) Eisen
d) Stoff
e) Feder

24. Kürbis / Herbst = Plätzchen / ?
a) Sommer
b) Winter
c) Frühsommer
d) Frühling
e) Juli

Lösungen: Sprachanalogien

1. a)	9. e)	17. b)
2. c)	10. d)	18. b)
3. a)	11. c)	19. d)
4. c)	12. a)	20. e)
5. b)	13. e)	21. b)
6. a)	14. c)	22. c)
7. e)	15. d)	23. d)
8. b)	16. b)	24. b)

Zu 1.: a) In diesem Fall passt nur Lösung a), da es sich hierbei um eine Hunderasse handelt. Linde und Eiche sind zwei verschiedene Baumarten, Dackel und Boxer zwei Hunderassen.

Zu 2.: c) Einen Bleistift spitzt man, ein Messer schleift man. Beides sind Methoden, um den jeweiligen Gegenstand in den Optimal-Zustand zu versetzen.

Zu 3.: a) Bluse ist die elegante, T-Shirt die legere Variante eines Oberteils. Gleicher Zusammenhang gilt für Rock und kurzer Hose.

Zu 4.: c) Es werden die Oberbegriffe gesucht: Apfel → Obst, Herbst → Jahreszeit.

Zu 5.: b) Ein Mensch benötigt Nahrung zum Überleben, ein Auto funktioniert nur mit ausreichend Benzin.

Zu 6.: a) Die Banane gehört eindeutig in die Kategorie Obst. In den Antwortmöglichkeiten steht nur eine Gemüsesorte, daher muss Gurke die richtige Lösung sein.

Zu 7.: e) Küken entwickeln sich ohne Zwischenschritt zu Vögeln. Da der Mensch mehrere Stadien durchläuft, aber nur nach dem Folgeprozess gefragt wurde, ist Antwort e) Kleinkind richtig.

Zu 8.: b) Der Zusammenhang besteht in der richtigen Fortbewegungsmöglichkeit. Ein Skateboard fährt man, ein Pferd wird geritten.

Zu 9.: e) In dieser Aufgabe werden Gegensätze abgefragt: hoch / tief und schnell / langsam.

Zu 10.: d) Mit einem Stift wird ein Papier beschrieben, analog dazu mit Wandfarbe die Wand gestrichen.

Zu 11.: c) Das Entscheidende ist nicht die Herstellung des Grundprodukts (Teeblätter, Kaffeebohnen), sondern die Zutat, die zur Fertigstellung des Getränks verwendet wird – in beiden Fällen ist dies Wasser.

Zu 12.: a) siehe Lösung Aufgabe 9

Zu 13.: e) Das Flugzeug fliegt im Himmel, Deutschland liegt auf dem Kontinent Europa. Die geografische Lage ist entscheidend.

Zu 14.: c) Freude wird oft empfunden, wenn man lacht. Trauer hingegen, wenn man weint.

Zu 15.: d) Das charakteristische Merkmal für den Sommer ist die Sonne. Für den Winter ist Schnee typisch.

Zu 16.: b) Wird das Leben als Tag betrachtet, ist der Mensch am Morgen ein Kind und am Abend ein Erwachsener.

Zu 17.: b) Das Herz befindet sich im Brustkorb des Menschen, der Adler verbringt die meiste Zeit im Himmel. Der richtige Lebensraum ist gefragt.

Zu 18.: b) Der Körper eines Tieres ist von einem Fell ummantelt, genauso wie ein Baum von Rinde ummantelt ist.

Zu 19.: d) Kilogramm ist eine Maßeinheit für das Gewicht. Die Zeit wird unter anderem in Minuten gemessen.

Zu 20.: e) Meter ist ein Längenmaß, genauso wie eine Unze eine Gewichtseinheit ist.

Zu 21.: b) Ein typisches Gericht in den USA sind Hamburger. Großbritannien ist bekannt für Fish and Chips.

Zu 22.: c) In dieser Aufgabe werden Gegensätze abgefragt: vorwärts / rückwärts und rechts / links.

Zu 23.: d) Das Material, aus dem die Gegenstände produziert werden, ist gesucht.

Zu 24.: b) siehe Lösung Aufgabe 15

Textaufgaben

Textaufgaben sind im Einstellungstest eine wirkungsvolle Methode, um unsere Abstraktionsfähigkeit und gleichzeitig die rechnerische Fähigkeit auf die Probe zu stellen.

Zeit: 20 Minuten

1. Jemand sagt: „In zwei Jahren bin ich doppelt so alt wie ich vor vier Jahren war." Wie alt ist die Person?
a) zehn
b) zwölf
c) acht
d) 13
3) 13

2. Wer ist am schnellsten? Liam ist langsamer als Anna. Anna ist schneller als Emilia. Liam ist langsamer als Kevin. Kevin ist schneller als Anna.
a) Liam
b) Anna
c) Emilia
d) Kevin

3. Arthur ist leichter als Benjamin, aber schwerer als Johanna. Johanna ist schwerer als Peter. Wer ist der Schwerste?
a) Arthur
b) Benjamin
c) Johanna
d) Peter

4. Zwei Länder haben insgesamt zehn Einwohner. Niemand, der mehr als 85 Kilogramm wiegt, kann Präsident eines Landes werden. Die Einwohner der Länder sind jeweils 88 kg, 86 kg, 84 kg, 75 kg, 95 kg, 105 kg, 78 kg, 85 kg, 86 kg und 87 kg schwer. Wie viele Präsidenten gibt es?
a) fünf
b) sechs
c) drei
d) zwei

5. Du meldest dich zu einem Wettlauf an. Beim Endspurt überholst du den fünften Läufer, wirst dann aber von zwei anderen Läufern überholt. Mit welcher Platzierung läufst du ins Ziel ein?

a) vierter
b) fünfter
c) sechster
d) siebter

6. Wenn sechs Äpfel ein Kilogramm wiegen, wie viele Äpfel wiegen dann 2,5 Kilogramm?
a) zwölf
b) 16
c) 15
d) 13

7. Wer ist am stärksten? Andreas ist schwächer als Linus. Henry ist stärker als Patrick. Patrick ist stärker als Linus.
a) Andreas
b) Henry
c) Patrick
d) Linus

8. Wer ist am sorgfältigsten? Michael ist sorgfältiger als Ben. Annika Ist sorgfältiger als Sarah. Annika ist lässiger als Ben. Sarah ist lässiger als Ben.
a) Michael
b) Ben
c) Sarah
d) Annika

9. Morgen ist Montag. Welcher Tag war einen Tag vor gestern?
a) Samstag
b) Freitag
c) Donnerstag
d) Sonntag

10. Jeder Cousin hat gleich viele Cousinen wie Cousins. Jede Cousine hat doppelt so viele Cousins wie Cousinen. Wie viele Cousinen gibt es in der Familie?
a) vier
b) drei
c) acht
d) eine

11. Eine Biene hat sechs Beine, eine Spinne sogar acht. Zusammen haben zwei Bienen und drei Spinnen genauso viele Beine wie zwölf Enten und …
a) zwei Hunde.
b) drei Hunde.
c) sieben Hunde.
d) zwölf Hunde.

12. Wie oft kann man maximal 1,50 Euro ausgeben, wenn man 17,99 Euro hat?
a) 10,5-mal
b) 11-mal
c) 12-mal
d) 13-mal

13. Hans geht in den Supermarkt und möchte 20 Tafeln Schokolade kaufen. Eine Tafel kostet 0,89 Euro. Es gibt aber noch zwei Angebote: Angebot A – fünf Tafeln für 4,20 Euro oder das Angebot B – zehn Tafeln für 8,50 Euro. Sollte Hans ein Angebot nutzen und wenn ja, welches?
a) Hans sollte die Tafeln einzeln kaufen.
b) Hans sollte das Angebot A nutzen.
c) Hans sollte das Angebot B nutzen.
d) Die Angebote A und B sind gleichwertig.

14. Zwei Hasen benötigen acht Tage, um das Gras eines Rasens komplett aufzufuttern. Wie viele Tage benötigen zehn Hasen?
a) 1,8 Tage
b) zwei Tage
c) 1,4 Tage
d) 1,6 Tage

15. Die Klasse hat 32 Schüler. Heute sind vier Schüler abwesend. Wie viel Prozent der Schüler sind heute anwesend?
a) 96 %
b) 80 %
c) 12,5 %
d) 87,5 %

Lösungen: Textaufgaben

1. a)	6. c)	11. b)
2. d)	7. b)	12. b)
3. b)	8. a)	13. b)
4. d)	9. b)	14. d)
5. d)	10. b)	15. d)

Zu 1.: a) Stellt man eine Gleichung auf, lässt sich das Alter leicht berechnen. Dazu wird das Alter als Variable x definiert:

$x + 2 = (x - 4) \times 2$

Löst man diese Gleichung nach x auf, erhält man: $2 = x - 8 \mid + 8; x = 10$. Daher ist das aktuelle Alter x = zehn Jahre.

Zu 2.: d) Da Kevin schneller ist als Anna und Liam, aber Emilia langsamer ist als Anna, kann nur Kevin der Schnellste sein.

Zu 3.: b) Chronologisch ist Benjamin der Schwerste, gefolgt von Arthur, dann Johanna und Paul ist der Leichteste.

Zu 4.: d) Insgesamt gibt es vier Kandidaten, da jedes Land aber nur einen Präsidenten wählt, ist Antwort d) richtig.

Zu 5.: d) Wenn ich den Fünften überhole, nehme ich den Platz als Fünftplatzierter ein. Werde ich nun zweimal überholt, rutsche ich auf den siebten Platz zurück.

Zu 6.: c) Sechs Äpfel wiegen ein Kilo, das 2,5-fache, also 2,5 kg, ergeben sich durch die 2,5-fache Anzahl an Äpfel: $6 \times 2{,}5 = 15$ Äpfel

Zu 7.: b) Henry ist der Stärkste, gefolgt von Patrick, danach Linus und Andreas ist der Schwächste.

Zu 8.: a) Da Ben sorgfältiger ist als Sarah und Annika, aber lässiger ist als Michael, ist Michael der Sorgfältigste von allen vier.

Zu 9.: b) Wenn morgen Montag ist, haben wir heute Sonntag. Gestern war Samstag und der Tag davor war Freitag.

Zu 10.: b) Zur Lösung der Aufgabe stellen wir ein Gleichungssystem mit x = Anzahl Cousins und y = Anzahl Cousinen auf:

(I) $(|x| - 1) = |y|$

(II) $(|y| - 1) = 2 |x|$

Gleichung (I) ist aus Sicht eines Cousins, daher steht auf der linken Seite (x − 1), analog dazu Gleichung (II) aus Sicht einer Cousine. Die Variablen x und y sind in Betragsstrichen, da uns die reine Anzahl und nicht das Vorzeichen interessiert.

Auflösen von (I) nach x ergibt:

(I) × $|x| = |y| + 1$

Einsetzen von (I)× in (II):

(II) × $(|y| - 1) = 2 × (|y| + 1)$

$|y| - 1 = 2|y| + 2$

$|y| = -3$

$y = |-3| = 3$

Insgesamt sind drei Cousinen in der Familie.

Zu 11.: b) Zusammen haben zwei Bienen und drei Spinnen 36 Beine: 6 Beine × 2 Bienen + 8 Beine × 3 Spinnen = 36 Beine. Zwölf Enten besitzen insgesamt 24 Beine, da 12 Enten × 2 Beine = 24 Beine sind. Somit fehlen noch insgesamt zwölf Hundebeine. Ein Hund hat vier Beine, damit ist Antwort b) richtig.

Zu 12.: b) Elfmal ist die richtige Antwort, da 17,99 Euro ÷ 1,50 Euro = 11,99 ergibt. In diesem Fall muss abgerundet werden.

Zu 13.: b) Vergleicht man die Angebote, zahlt man für den Einzelkauf 20 Tafeln × 0,89 Euro = 17,80 Euro. Nutzt man Angebot A, ergibt sich eine Summe von 5 × 4,20 Euro = 16,80 Euro. Angebot B liegt im Mittelfeld mit 10 × 8,50 Euro = 17,00 Euro. Antwort b) ist somit korrekt.

Zu 14.: d) Zwei Hasen brauchen acht Tage, damit braucht ein Hase doppelt so lange (16 Tage), um den Rasen aufzufuttern. Teilen sich zehn Hasen die Arbeit, brauchen sie nur ein Zehntel der Zeit: 16 Tage ÷ 10 Hasen = 1,6 Tage.

Zu 15.: d) 28 Schüler sind noch anwesend, dadurch ergibt sich: p = 28 ÷ 32 × 100 % = 87,5 % (siehe Kapitel Prozentrechnung)

Wörter ermitteln

In dieser Aufgabe sind Buchstaben durcheinander gewürfelt. In die richtige Reihenfolge gebracht, ergeben sie ein sinnvolles Wort. Setze aus den Buchstaben das Wort zusammen. Es handelt sich dabei um Substantive in der Einzahl.

Zeit: **1 Minute**

1. **A W E G A**

2. **D E U D N**

3. **P F A L E**

4. **Y A N H D**

5. **A E S N H**

6. **B D A N E**

7. **R F H Ä E**

8. **E B L K A**

9. **A L R E G**

10. **H N F A E**

11. **S D O A L**

12. **C E S E H**

13. **T M R A K**

14. **D A L N E**

15. **F P A M D**

16. **T P K A E**

17. **R T A E V**

Lösungen: Wörter ermitteln

1. WAAGE	7. FÄHRE	13. MARKT
2. DUDEN	8. KABEL	14. NADEL
3. APFEL	9. LAGER	15. DAMPF
4. HANDY	10. FAHNE/HAFEN	16. PAKET
5. SAHNE	11. SALDO	17. VATER
6. ABEND	12. ECHSE	

Schlussfolgerungen

Im Einstellungstest werden häufig bestimmte Aussagen getroffen oder Regeln und Einzelfälle genannt, die zu bestimmten Ergebnissen führen. Die Testperson muss dann entscheiden, ob die Aussage stimmt oder zu welchem Ergebnis die Regeln und Einzelfälle führen.

Beispiel
Welcher Weg ist der Kürzeste?
Weg A ist länger als Weg B.
Weg B ist kürzer als Weg C.
Weg C ist gleich kurz wie Weg D.
Weg D ist kürzer als Weg A.
Lösung: Weg B ist der Kürzeste.
Erklärung:
A > B
C > B
C = D daraus folgt (C = D) > B und A > B -> Weg B ist der Kürzeste
A > D daraus folgt A > C&D > B -> Weg B ist der Kürzeste

Welche der angebotenen Schlussfolgerungen ist richtig?

Zeit: **10 Minuten**

1. Alle Europäer sind Rechtshänder. Alle Rechtshänder sind Mechaniker. Schlussfolgerung:
a) Einige Mechaniker sind Europäer.
b) Alle Mechaniker sind Europäer.
c) Alle Rechtshänder sind Europäer.
d) Nicht alle Europäer sind Mechaniker.

2. Kein Schüler ist Lehrer. Einige Lehrer sind Beamte. Jemand ist entweder Schüler oder Lehrer. Ein Beamter kann, muss aber nicht, Lehrer sein. Schlussfolgerung:
a) Alle Schüler sind Beamte.
b) Alle Beamte sind Schüler.
c) Kein Schüler ist Beamter.
d) Einige Beamte könnten Schüler sein.

3. Einige Tiere sind Säugetiere. Alle Säugetiere sind grün.
Schlussfolgerung:
a) Alle Tiere sind grün.
b) Einige Tiere sind grün.
c) Keines der Tiere ist grün.
d) Einige Tiere sind braun.

4. Alle Smartphones haben eine Kamera. Einige Kameras sind hochauflösend. Schlussfolgerung:
a) Alle Smartphones haben eine hochauflösende Kamera.
b) Einige Smartphones haben eine hochauflösende Kamera.
c) Keins der Smartphones hat eine hochauflösende Kamera.
d) Alle Kameras sind hochauflösend.

5. Alle Rennbahnen sind Straßen. Alle Straßen sind Verkehrsflächen.
Schlussfolgerung:
a) Alle Rennbahnen sind Verkehrsflächen.
b) Keine Rennbahn ist eine Verkehrsfläche.
c) Keine Straße ist eine Verkehrsfläche.
d) Alle Straßen sind Rennbahnen.

6. Alle Scheren sind Pflanzen. Einige Scheren sind groß.
Schlussfolgerung:
a) Alle Pflanzen sind groß.
b) Einige Pflanzen sind groß.
c) Keine der Pflanzen ist groß.
d) Alle Pflanzen sind klein.

7. Alle Komiker sind Unterhalter. Einige Unterhalter sind Musiker.
Schlussfolgerung:
a) Alle Musiker sind nicht Komiker.
b) Alle Musiker sind Komiker.
c) Einige Musiker sind Komiker.
d) Kein Musiker ist ein Komiker.

8. Alle Italiener essen Pizza. Alle Italiener sind Europäer.
Schlussfolgerung:
a) Einige Europäer essen Pizza.
b) Alle Europäer essen Pizza.
c) Alle Europäer sind Italiener.
d) Kein Europäer ist ein Italiener.

9. Alle Piloten sind Abenteurer. Keine Abenteurer sind Bergsteiger.
Schlussfolgerung:
a) Einige Piloten sind keine Bergsteiger.
b) Alle Piloten sind keine Bergsteiger.
c) Einige Bergsteiger sind Piloten.
d) Alle Bergsteiger sind Piloten.

10. Einige Fluglinien verwenden alte Flugzeuge. Alte Flugzeuge sind sicher. Schlussfolgerung:
a) Alle Fluglinien sind sicher.
b) Einige Fluglinien verwenden sichere Flugzeuge.
c) Alle sicheren Flugzeuge sind alt.
d) Keines der sicheren Flugzeuge ist alt.

11. Einige Zahlen sind Primzahlen. Primzahlen sind immer schwarz.
Schlussfolgerung:
a) Alle schwarzen Zahlen sind Primzahlen.
b) Einige schwarze Zahlen sind Primzahlen.
c) Alle Zahlen sind schwarz.
d) Zahlen sind entweder schwarz oder weiß.

12. Alle Polizisten sind schnell. Einige Menschen sind schnell. Schnelle Polizisten sind Menschen. Schlussfolgerung:
a) Alle Polizisten sind Menschen.
b) Alle Menschen sind Polizisten.
c) Alle schnellen Menschen sind Polizisten.
d) Kein Mensch ist ein Polizist.
e) Schnelle Polizisten sind keine Menschen.

13. Ein Pandabär ist ein Säugetier. Einige Säugetiere sind Affen. Ein Säugetier ist entweder ein Affe oder ein Pandabär.
Schlussfolgerung:
a) Einige Pandabären sind Affen.
b) Alle Pandabären sind Affen.
c) Ein Affe kann ein Säugetier sein.
d) Alle Affen sind Säugetiere.
e) Ein Pandabär kann ein Affe sein.

14. Alle Universitäten haben Gebäude. Einige Gebäude sind einsturzgefährdet. Schlussfolgerung:
a) Alle Universitäten sind einsturzgefährdet.
b) Alle einsturzgefährdeten Gebäude sind Universitäten.
c) Einige Universitäten haben einsturzgefährdete Gebäude.
d) Ein einsturzgefährdetes Gebäude kann eine Universität sein.

15. Alle Gebäude sind Objekte. Alle Häuser sind Gebäude. Schlussfolgerung:
a) Alle Häuser sind Objekte.
b) Einige Häuser sind keine Objekte.
c) Ein Objekt kann kein Haus sein.
d) Alle Gebäude sind Häuser.

Lösungen: Schlussfolgerungen

1. a)	6. b)	11. b)
2. d)	7. c)	12. a)
3. b)	8. a)	13. c)
4. b)	9. b)	14. d)
5. a)	10. b)	15. a)

Zu 1.: a) Europäer -> Rechtshänder -> Mechaniker; die Reihe funktioniert nur in eine Richtung, somit ist Schlussfolgerung b) und c) falsch. Da alle Europäer Rechtshänder und alle Rechtshänder Mechaniker sind, stimmt d) ebenfalls nicht. Somit ist a) korrekt.

Zu 2.: d) Da nicht ausgeschlossen wird, dass Schüler auch Beamte sein könnten, ist in diesem Fall Antwort d) richtig.

Zu 3.: b) einige Tiere -> Säugetiere; Säugetiere -> grün. Wenn in der ersten Aussage das letzte und in der zweiten Aussage das erste Wort inhaltlich übereinstimmen, kann der Zwischenschritt weggelassen werden.

Zu 4.: b) Smartphones -> Kamera; einige Kameras -> hochauflösend. Wenn alle Smartphones eine Kamera besitzen, aber nicht alle Kameras hochauflösend sind, gibt es Kameras mit und ohne hochauflösender Grafik. Antwort b) ist korrekt.

Zu 5.: a) Rennbahnen -> Straßen; Straßen -> Verkehrsflächen. Wie in Aufgabe 3 kann der Zwischenschritt entfernt werden, wenn er identisch ist.

Zu 6.: b) Scheren -> Pflanzen; einige Scheren -> groß. Da es mehr Pflanzen gibt als nur Scheren, fällt Antwort a) weg. Antwort c) und d) schließen sich ebenfalls aus, da nicht alle Pflanzen groß sind, aber auch nicht alle klein (siehe Teilschritt 2).

Zu 7.: c) Komiker -> Unterhalter; einige Unterhalter -> Musiker. Nur Antwort c) ist korrekt, da die Reihe auch umgedreht werden kann: einige Musiker, Unterhalter, Komiker.

Zu 8.: a) Italiener -> Pizza; Italiener -> Europäer. Da die Italiener nur ein Teil von Europa sind, essen einige Europäer Pizza. Gleiche Erklärung für Ausschluss b), c) und d).

Zu 9.: b) Piloten -> Abenteurer; Abenteurer -> kein Bergsteiger. Um den Zwischenschritt zu entfernen, wird die Aussage „gedreht".

Zu 10.: b) einige Fluglinien -> alte Flugzeuge; alte Flugzeuge sicher. Der Zwischenschritt kann übersprungen werden.

Zu 11.: b) einige Zahlen -> Primzahlen; Primzahlen -> schwarz. Es ist anzunehmen, dass mehrere Farben und mehr schwarze Zahlenarten existieren, nicht nur die Primzahlen, daher stimmen die Aussagen a), c) und d) nicht.

Zu 12.: a) Da alle Polizisten schnell sind und schnelle Polizisten Menschen sind, sind somit alle Polizisten Menschen.

Zu 13.: c) Es wird nicht ausgeschlossen, dass Affen etwas anderes sein können als Säugetiere, deshalb ist c) richtig.

Zu 14.: d) Einige Gebäude sind einsturzgefährdet. Aufgrund der Tatsache, dass nicht alle Gebäude einsturzgefährdet sind, sind es auch nicht alle Universitäten. Antwort a) ist falsch. Nicht nur in der Universität existieren einsturzgefährdete Gebäude, somit fällt Antwort b) weg.

Da nicht klar definiert ist, ob die Gebäude, die einsturzgefährdet sind, zu einer Universität gehören, ist c) ebenfalls falsch. Nur Antwort d) berücksichtigt alle Aspekte und nennt eine wahre Schlussfolgerung.

Zu 15.: a) Gebäude ist eine Untermenge von Objekt. Haus ist eine Untermenge von Gebäude. Somit sind alle Häuser auch Objekte.

Zahnrad-Aufgaben

Zeit: **5 Minuten**

1. Welche Drehrichtung ist bei diesen Zahnrädern richtig eingezeichnet?

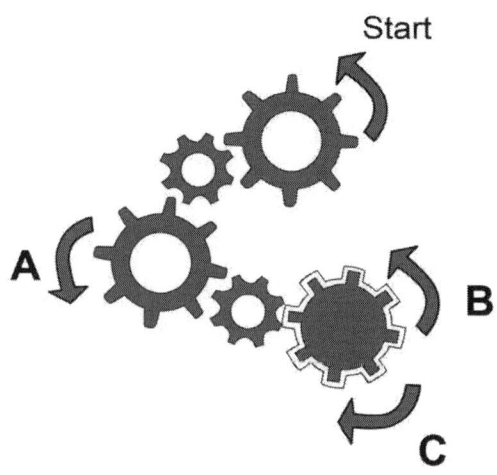

a) A und B

b) nur B

c) nur C

d) nur A

2. Welche Drehrichtung ist bei diesen Zahnrädern richtig eingezeichnet?

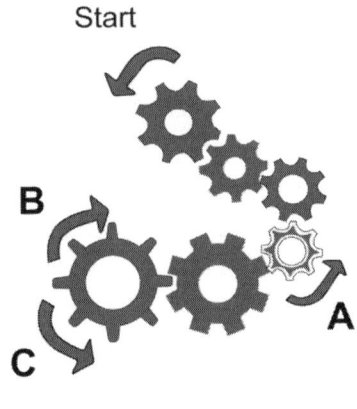

a) A und B

b) nur A

c) nur B

d) nur C

3. Welche Drehrichtung ist bei diesen Zahnrädern richtig eingezeichnet?

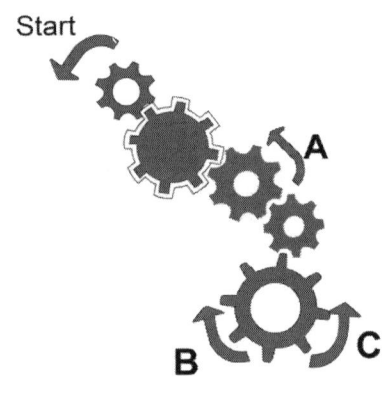

a) A und B

b) A und C

c) nur A

d) nur B

4. Welche Drehrichtung ist bei diesen Zahnrädern richtig eingezeichnet?

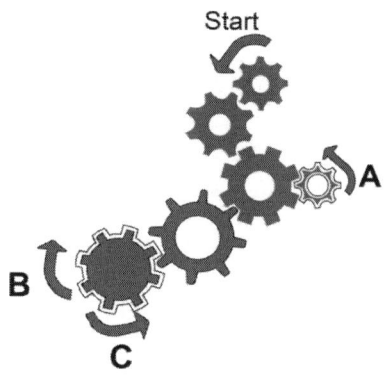

a) A und B

b) A und C

c) nur B

d) nur C

5. Welche Drehrichtung ist bei diesen Zahnrädern richtig eingezeichnet?

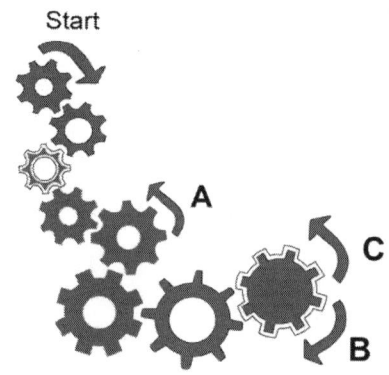

a) A und B

b) A und C

c) nur B

d) nur C

6. Welche Drehrichtung ist bei diesen Zahnrädern richtig eingezeichnet?

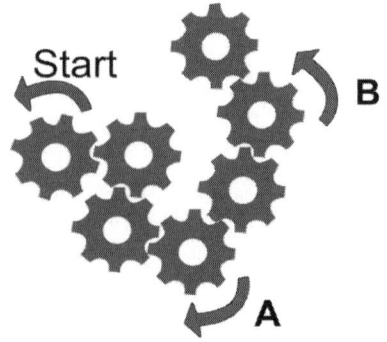

a) A und B

b) nur A

c) nur B

d) nicht A und nicht B

7. Welche Drehrichtung ist bei diesen Zahnrädern richtig eingezeichnet?

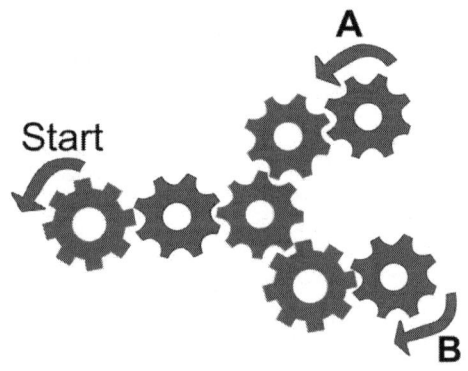

a) A und B

b) nur A

c) nur B

d) nicht A und nicht B

8. Welche Drehrichtung ist bei diesen Zahnrädern richtig eingezeichnet?

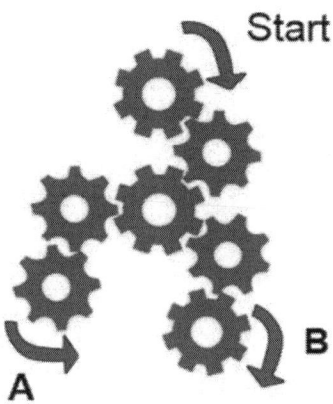

a) A und B   c) nur B
b) nur A   d) nicht A und nicht B

9. Welche Drehrichtung ist bei diesen Zahnrädern richtig eingezeichnet?

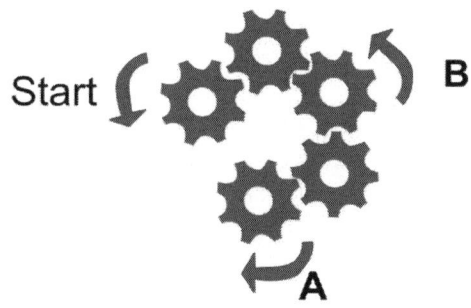

a) A und B   c) nur B
b) nur A   d) nicht A und nicht B

10. Welche Drehrichtung ist bei diesen Zahnrädern richtig eingezeichnet?

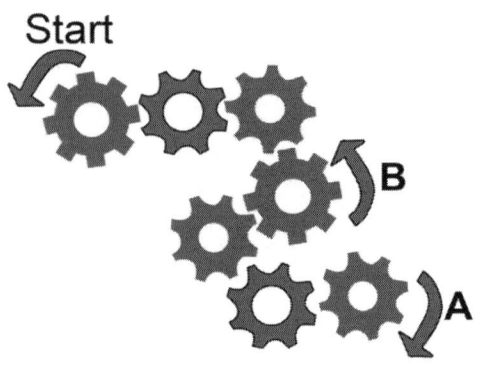

a) A und B

b) nur A

c) nur B

d) nicht A und nicht B

Lösungen: Zahnrad-Aufgaben

1. a)	5. d)	9. c)
2. c)	6. b)	10. d)
3. b)	7. b)	
4. d)	8. c)	

Dominosteine

Die folgenden Aufgaben kommen häufig in Einstellungstests vor. Wenn du das System einmal durchschaut hast, sind sie jedoch leicht zu lösen.

Die Augenzahl der Dominosteine ist in einem bestimmten Schema angeordnet. Es bleibt jeweils ein Feld in den drei Reihen leer. Deine Aufgabe ist es, die versteckte Regel einer Dominoreihe zu finden und den einzig logisch ergänzenden Stein aus dem Lösungsblock zu bestimmen. Betrachte dabei die erste und die zweite Reihe der Augenzahl auf einem Dominostein separat.

Es sind folgende Schemata möglich: aufsteigende Reihe, absteigende Reihe, Addition, Subtraktion, wiederkehrende Folgen.

Zeit: **5 Minuten**

1.

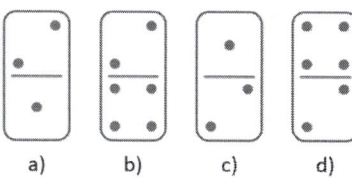

a)   b)   c)   d)

2.

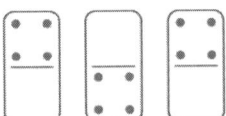

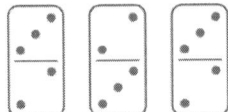

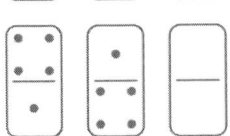

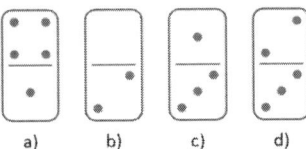

a)   b)   c)   d)

3.

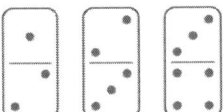

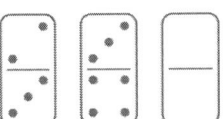

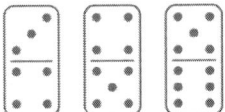

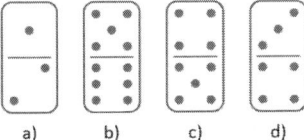

a)   b)   c)   d)

4.

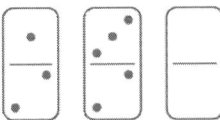

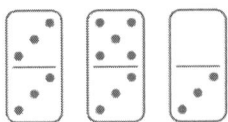

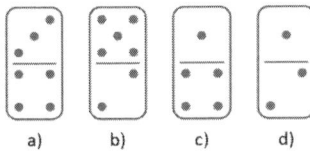

a)   b)   c)   d)

5.

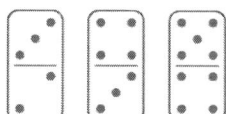

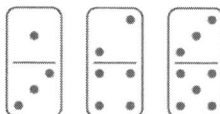

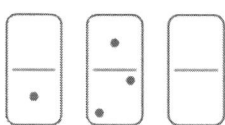

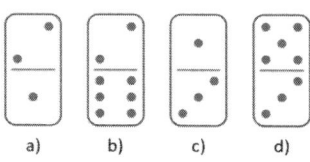

a)   b}   c}   d)

6.

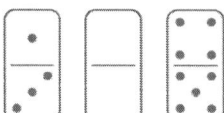

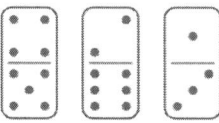

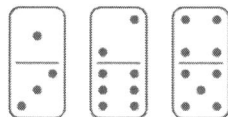

a)   b}   c)   d)

7.

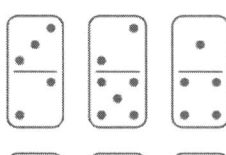

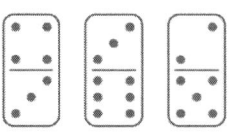

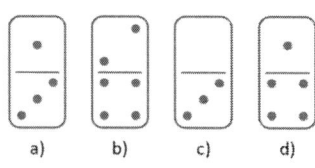

a)   b)   c}   d)

8.

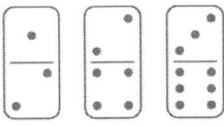

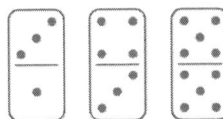

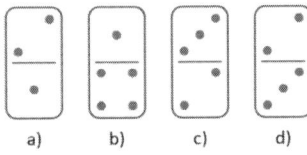

a) b) c) d)

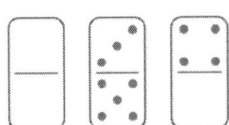

9.

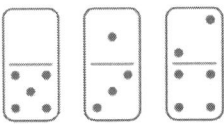

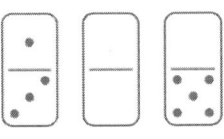

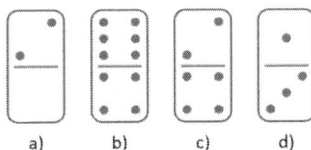

a) b) c) d)

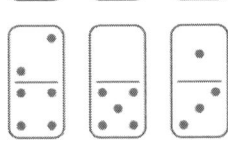

Lösungen: Dominosteine

1. d)	4. b)	7. d)
2. a)	5. c)	8. d)
3. c)	6. b)	9. c)

Spiegelungen

Aufgaben mit Spiegelbildern kommen in Einstellungstests häufig vor, um dein räumliches Vorstellungsvermögen zu testen. Du findest fünf Figuren vor, von denen du immer vier durch Drehen zur Deckung bringen bzw. genau übereinanderlegen kannst. Bei einer Figur ist dies nicht möglich – sie wurde gespiegelt und ist also nicht deckungsgleich mit den anderen. Finde die gespiegelte Figur aus der jeweiligen Reihe heraus.

Zeit: **10 Minuten**

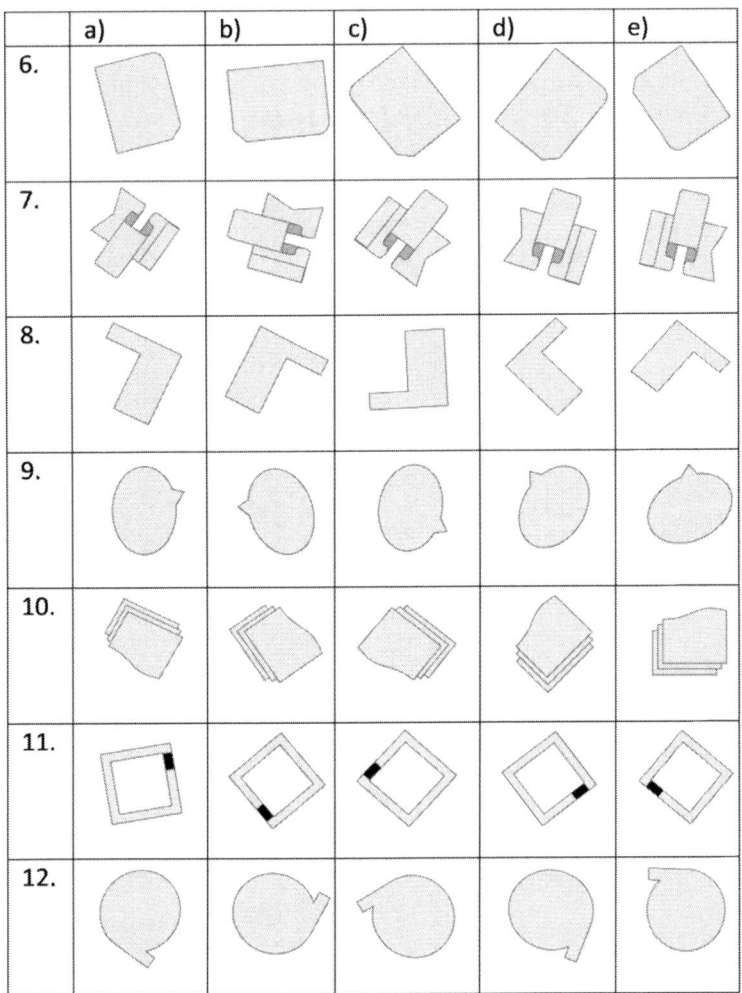

	a)	b)	c)	d)	e)
6.					
7.					
8.					
9.					
10.					
11.					
12.					

	a)	b)	c)	d)	e)
13.					
14.					
15.					
16.					
17.					
18.					
19.					

	a)	b)	c)	d)	e)
20.					
21.					
22.					
23.					
24.					
25.					
26.					

	a)	b)	c)	d)	e)
27.					
28.					

Lösungen: Spiegelungen

1. c)	11. e)	21. c)
2. d)	12. d)	22. b)
3. b)	13. b)	23. e)
4. a)	14. a)	24. b)
5. e)	15. b)	25. d)
6. c)	16. e)	26. b)
7. d)	17. a)	27. e)
8. a)	18. d)	28. c)
9. a)	19. e)	
10. a)	20. a)	

Konzentration

Durch Aufgaben zur Konzentrationsfähigkeit versuchen Arbeitgeber, Vorhersagen zu treffen, wie gründlich, schnell und zuverlässig jemand arbeitet. Trotzdem sollte man sich als Bewerber nicht aus der Ruhe bringen lassen und versuchen, in der gegebenen Zeit so viele Aufgaben wie möglich zu lösen.

bqpd-Test

Aus der folgenden Buchstabenreihe muss jeder Buchstabe d, der durch zwei Striche gekennzeichnet ist, markiert werden. Folgende Kombinationen gelten dabei als richtig:

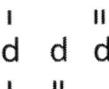

Zeit: **3 Minuten**

1. Wie viele Markierungen (Treffer) hat die folgende Zeile:

b d b d b d b d b d b b b d d d d b d d q d b q d

Anzahl:

2. Wie viele Markierungen (Treffer) hat die folgende Zeile:

d b d b b d b q b b d b d q d b d b d d d d b d

Anzahl:

3. Wie viele Markierungen (Treffer) hat die folgende Zeile:

b d d d q q d d d d d b d d d d d q d d d b b d d

Anzahl:

4. Wie viele Markierungen (Treffer) hat die folgende Zeile:

```
  ı  ıı      ı  ıı    ı        ı  ıı  ı      ı      ıı    ı        ı
d  d  d  d  q  d  q  d  d  d  b  d  d  b  q  b  d  d  b  q  d  d  d  d  b
     ı  ıı      ı  ıı      ı  ıı      ı              ı  ıı  ı      ı        ıı      ı
```

Anzahl:

5. Wie viele Markierungen (Treffer) hat die folgende Zeile:

```
     ı  ıı      ı  ıı      ı  ıı      ı          ı  ıı  ı      ı      ıı      ı
q  d  d  d  b  d  d  d  q  b  d  d  b  b  b  d  d  q  d  d  d  d  q  b  d  b
              ı  ıı      ı  ıı      ı  ıı      ı              ı  ıı  ı          ı
```

Anzahl:

6. Wie viele Markierungen (Treffer) hat die folgende Zeile:

```
  ıı        ı        ı  ıı  ı          ı        ıı      ı        ı  ı  ıı      ı  ıı
d  d  d  b  d  b  d  d  d  d  b  d  d  d  d  b  q  d  d  b  d  d  d  q  d  d  b
           ı  ıı      ı  ıı      ı  ıı      ı              ı  ıı  ı          ıı
```

Anzahl:

7. Wie viele Markierungen (Treffer) hat die folgende Zeile:

```
     ıı        ı        ı  ıı  ı          ı        ıı      ı        ı  ı  ıı      ı  ıı
d  d  d  b  d  b  d  d  d  d  b  d  d  d  d  b  q  d  d  d  b  d  d  q  d  d  b
  ı  ıı      ı  ıı      ı  ıı      ı        ı  ıı  ı              ıı      ı  ıı      ı
```

Anzahl:

8. Wie viele Markierungen (Treffer) hat die folgende Zeile:

```
  ı        ıı      ı        ı  ı  ıı      ı  ıı      ıı        ı        ı  ıı  ı          ı
d  d  d  b  d  b  d  d  d  d  b  d  d  d  d  b  q  d  d  b  d  d  q  d  d  b
  ı              ıı      ı  ıı      ı        ı  ıı      ı  ıı      ı              ı  ıı  ı
```

Anzahl:

9. Wie viele Markierungen (Treffer) hat die folgende Zeile:

```
     ı        ı  ıı  ı          ı        ıı  ı        ı  ı  ıı      ı  ıı      ı  ıı
d  b  d  b  b  d  b  q  b  b  d  b  d  q  d  b  d  b  d  d  d  d  d  b  d
  ıı      ı  ıı      ı  ıı      ı          ı  ıı  ı  ıı          ıı  ıı  ı          ı  ı
```

Anzahl:

10. Wie viele Markierungen (Treffer) hat die folgende Zeile:

```
 ||  |       |  |  ||    |  ||    |  ||    |       |  ||  |       |       ||
 d  b  d  b  b  d  b  q  b  b  b  d  b  d  q  d  b  d  b  d  d  d  d  d  b  d
    |  ||  |  ||          ||  ||  |       |  |       ||       |  ||    |  ||    |
```

Anzahl:

Lösungen: bqpd-Test

1. 4 Treffer	5. 6 Treffer	9. 6 Treffer
2. 2 Treffer	6. 5 Treffer	10. 4 Treffer
3. 5 Treffer	7. 7 Treffer	
4. 2 Treffer	8. 10 Treffer	

Weg/Pfad finden

Jeder Pfad führt von einem Buchstaben zu einer bestimmten Zahl. Versuche, den Pfad nachzuvollziehen und ordne den Buchstaben die passende Zahl zu.

Zeit: **3 Minuten**

1. Aufgabe

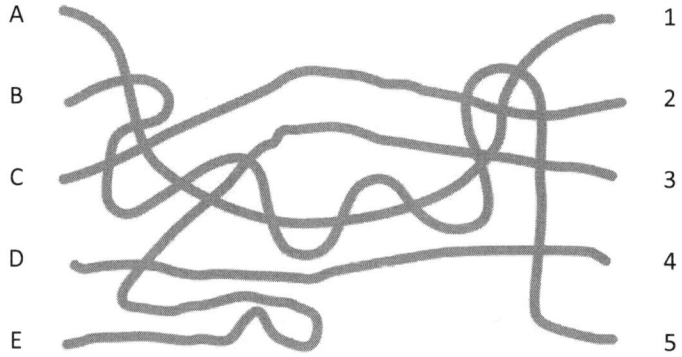

Trage die zugehörigen Zahlen ein:

A -   B -   C -   D -   E -

2. Aufgabe

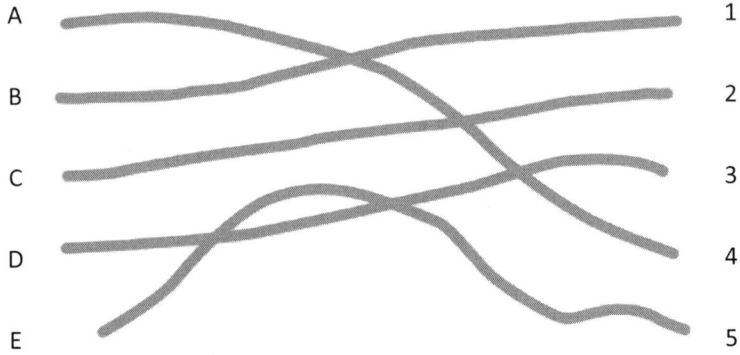

Trage die zugehörigen Zahlen ein:

A -   B -   C -   D -   E -

3. Aufgabe

Trage die zugehörigen Zahlen ein:

A -   B -   C -   D -   E -

4. Aufgabe

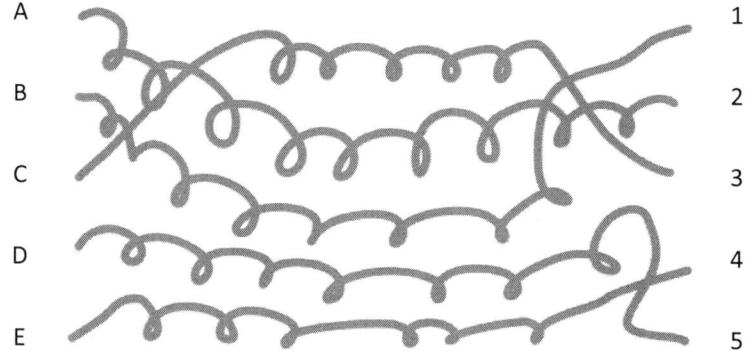

A   1
B   2
C   3
D   4
E   5

Trage die zugehörigen Zahlen ein:

A -   B -   C -   D -   E -

5. Aufgabe

A   1
B   2
C   3
D   4
E   5

Trage die zugehörigen Zahlen ein:

A -   B -   C -   D -   E -

6. Aufgabe

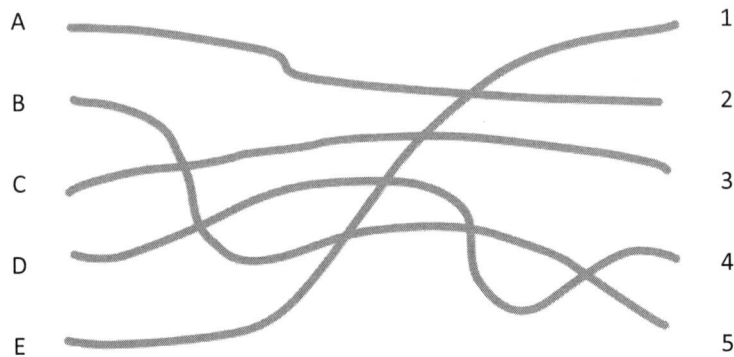

Trage die zugehörigen Zahlen ein:

A -   B -   C -   D -   E -

7. Aufgabe

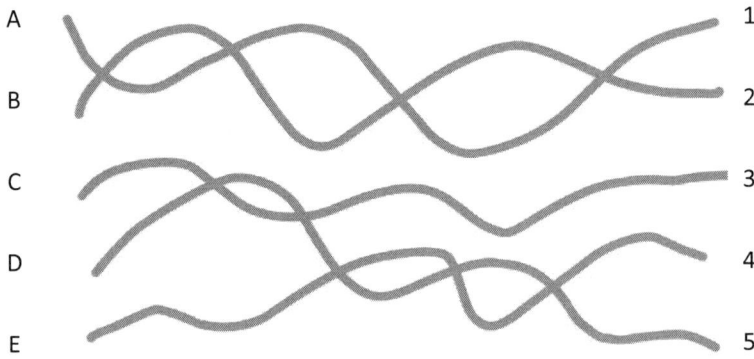

Trage die zugehörigen Zahlen ein:

A -   B -   C -   D -   E -

8. Aufgabe

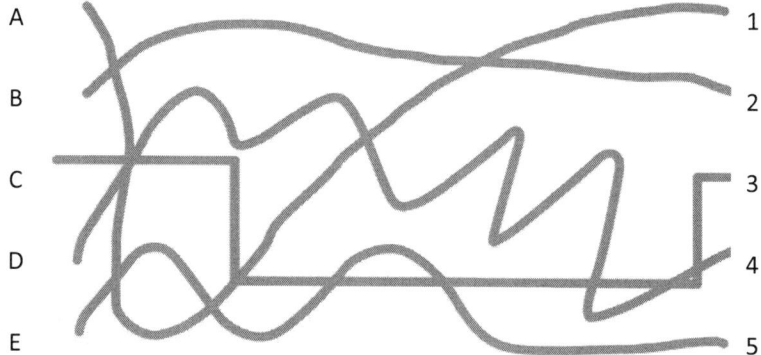

Trage die zugehörigen Zahlen ein:

A -   B -   C -   D -   E -

9. Aufgabe

Trage die zugehörigen Zahlen ein:

A -   B -   C -   D -   E -

10. Aufgabe

Trage die zugehörigen Zahlen ein:

A - B - C - D - E -

Lösungen: Weg/Pfad finden

1. A 1, B 5, C 2, D 4, E 3

2. A 4, B 1, C 2, D 3, E 5

3. A 5, B 1, C 2, D 3, E 4

4. A 2, B 1, C 3, D 5, E 4

5. A 5, B 2, C 3, D 1, E 4

6. A 2, B 5, C 3, D 4, E 1

7. A 1, B 2, C 3, D 5, E 4

8. A 1, B 2, C 3, D 4, E 5

9. A 1, B 2, C 5, D 3, E 4

10. A 3, B 2, C 4, D 5, E 1

Personendaten abgleichen

Bei dieser Aufgabe geht es darum, die Personendaten links und rechts inhaltlich abzugleichen. Die Daten müssen nicht identisch formatiert sein, sollten aber die gleiche Information beinhalten. Beispiel: Umlaute ü,ö,ä können in der Form ue, ae, oe geschrieben sein. Telefonnummern, die ein unterschiedliches Format haben (0151, 0049151, +49 (0)151) gelten trotzdem als richtig. Bei der Vorwahl wird stets die deutsche Vorwahl verwendet, sodass +49 und 0 gleichzusetzen sind. Trage zum Schluss alle Datensatznummern ein, die einen inhaltlichen Fehler aufweisen.

Zeit: **3 Minuten**

1. Michael Fischer Geb.: 15. Juli 2001 Tel.: 0049 151 39 28 19 81	Michaela Fischer Geb.: 15. Juli 2001 Tel.: 0049 151 / 39281981
2. Mattis Böhm Geb.: 08.06.1997 Tel.: 0178 / 25 78 91 14	Mattis Boehm Geb.: 8. Juni 1997 Tel.: 0178 / 25 78 91 14
3. Veronika Vogt Geb.: 27. Februar 1999 Tel.: 0291 / 76 99 73 14	Veronika Vogt Geb.: 27. Februar 1999 Tel.: 0291 / 76987314
4. Esther Dietrich Geb.: 18 Sep. 2003 Tel.: 0049 17839281979	Esther Ditrich Geb.: 15 Juli 2001 Tel.: 0049 151 39 28 19
5. Thilo Kühn Geb.: 9. Mai 1997 Tel.: 0049 981376841378	Thilo Kühn Geb.: 9.05.1997 Tel.: 0981 / 37 68 41 378

6. Lian Seidel Geb.: 19. November 1971 Tel.: 089 64 72 38 91	Lian Seidel Geb.: 19.11.1971 Tel.: 089 647 238 91
7. Juliane Arnold Geb.: 9. Oktober 2002 Tel.: 0049 9847 31 24 87	Juliane Arnold Geb.: 9.10.2002 Tel.: 09847 31 24 78
8. Mehmet Erdem Geb.: 5. Januar 1978 Tel.: 0593 813 768 41	Mehmet Erdem Geb.: 05.01.1978 Tel.: 059381376841
9. Michail Chokovski Geb.: 13. August 1989 Tel.: 0049 178 638 947 64	Michail Chokovski Geb.: 13.08.1989 Tel.: 0049 17863894764
10. Isabel Pfeiffer Geb.: 16. März 2003 Tel.: 0160 / 73 41 59 98	Isabel Pfeiffer Geb.: 16.03.2002 Tel.: +49 (0)16073415998

Nummern der falschen Datensätze: _____

Lösungen: Personendaten abgleichen

Falsche Datensätze: 1, 3, 4, 7, 10

Lebenslauf einprägen

Bei dieser Aufgabe musst du dir aus den beiden Lebensläufen die wichtigsten Informationen merken und später dazu einige Fragen beantworten. Markiere den Buchstaben mit der korrekten Lösung.

Zeit: **5 Minuten**

Lebenslauf 1

Name: Lange

Vorname: André Joseph

Geburtstag: 25.07.1985

Geburtsort: Berlin

Beruf: Netzwerktechniker

André Lange wurde am 25.07.1985 in Berlin als Einzelkind eines Installateurmeisters und einer Bürokauffrau geboren. Nachdem er von 1991 bis 1996 die Grundschule in Berlin-Lichtenberg besucht hatte, zog er mit seiner Familie ins nahe liegende Umland nach Brandenburg. Dort ging er auf die Herbert Tschäpe Oberschule in Erkner und belegte dort auch 2001 sein Realschulabschluss. Anschließend absolvierte André Lange von 2001 bis 2005 eine dreieinhalbjährige Berufsausbildung zum IT-Systemelektroniker am Flughafen Berlin Schönefeld. Nach seiner abgeschlossenen Ausbildung musste er seinen Zivildienst antreten, den er in einer Diakonie in Teltow neun Monate ableistete. 2006 absolvierte er eine Fort- und Weiterbildung zum Thema Netzwerk. Als Netzwerktechniker bekam er dann eine Anstellung bei der Deutschen Bahn, wo er bis heute noch angestellt und bereits zum Abteilungsleiter aufgestiegen ist. Heute lebt er mit seiner Freundin Mandy kinderlos in der Geburtsstadt seiner Mutter, Leipzig.

Lebenslauf 2

Name: Berndsen

Vorname: Monika

Geburtstag: 04.05.1975

Geburtsort: Hannover

Beruf: Mediengestalterin

Monika Berndsen, geboren am 04.05.1975, wuchs als eines von drei Kindern in der Nähe von Hannover auf. Ihr Vater ist ein Oberleutnant bei der Bundeswehr und die Mutter eine Floristin mit eigenem Blumenladen. Schon früh half sie im Laden ihrer Mutter mit aus, um sich so das Taschengeld ein bisschen aufzufrischen. Auch heute noch gehören neben Malen und Zeichnen die Floristik zu ihren Hobbys. 1987 machte sie am Fontane Gymnasium in Hannover ihr Abitur. Bevor sie 1989 ein Studium als Mediengestalterin an der Universität in Wiesbaden begann, absolvierte sie ein Soziales Jahr bei einer Hilfsorganisation in Spanien. Neben der Arbeit konnte sie auch noch Land und Leute kennen lernen und spricht bis heute noch ein wenig Spanisch. Nach ihrem abgeschlossenen Studium bekam sie einen Job bei einer Lokalzeitung als Layouterin in München. Heute leitet sie mit rund 50 Mitarbeitern ihre eigene PR- und Marketingfirma in Hamburg. Monika Berndsen ist zudem seit sieben Jahre mit Steffan Berndsen verheiratet. Das Paar lebt mit seinen zwei Kindern Lukas und Maria in einem Einfamilienhaus in Hamburg.

1. Welchen Beruf übt André Lange aus?
a) Mediengestalter
b) Netzwerktechniker
c) Elektroniker
d) Systemelektroniker

2. Auf welche Schule ging André Lange?
a) Herbert Tschäpe Oberschule
b) Fontane Gymnasium
c) Oberschule Erkner
d) Diakonische Oberschule Teltow

3. In welcher Firma arbeitet André Lange?
a) Deutsche Post
b) Deutsche Bank
c) Deutsche Telekom
d) Deutsche Bahn

4. Wie heißt die Freundin von André Lange?
a) Mandy
b) Sabine
c) Monika
d) Maria

5. Wo wurde Monika Berndsen geboren?
a) Leipzig
b) Hamburg
c) Hannover
d) München

6. Welchen Beruf übte Monika Berndsen Mutter aus?
a) Floristin
b) Malerin
c) Lehrerin
d) Architektin

7. An welcher Universität studierte Monika Berndsen?
a) Mainz
b) Berlin
c) Wiesbaden
d) Frankfurt

8. Wie heißt der Sohn von Monika Berndsen?
a) Martin
b) Steffan
c) Leon
d) Lukas

Lösungen: Lebenslauf einprägen

1. b)	4. a)	7. c)
2. a)	5. c)	8. d)
3. d)	6. a)	

Textinhalte einprägen

Bei dieser Aufgabe musst du dir einen Presseberricht und einen Tatorts-bericht einprägen. Lies dir die Berichte aufmerksam durch und merke dir die wichtigsten Details. Danach musst du einige Fragen zu den Berichten beantworten.

Für das Einprägen des Presseberichts hast du **3 Minuten** Zeit.

Düsseldorf, 08.05.2014

POL-D: Sonsbeck - A 57 in Richtung Nimwegen - Verkehrsunfall mit drei Beteiligten - Ein Leichtverletzter - Sperrung einer Richtungsfahrbahn

Mittwoch, 7. Mai 2014, 21:50 Uhr Sonsbeck

Glück im Unglück hatten gestern Abend sechs von sieben Menschen, die bei Sonsbeck auf der A 57 in einen Unfall verwickelt waren. Ein 45-jähri-ger Mann erlitt leichte Verletzungen. Die Fahrtrichtung Nimwegen blieb für eine Stunde gesperrt. Polizei sucht Zeugen. Nach den bisherigen Er-mittlungen der Autobahnpolizei war eine 26-jährige Frau aus Mönchen-gladbach mit ihrem grauen Mercedes auf dem rechten Fahrstreifen der A 57 in Richtung Nimwegen unterwegs. Etwa 500 Meter vor der An-schlussstelle Uedem kollidierte der Mercedes aus bislang unklaren Gründen mit dem roten Mazda eines 32-jährigen Niederländers (mit im Fahrzeug waren vier weitere Insassen) und dem VW eines 45-jährigen Mannes aus Uedem. Bei dem Unfallgeschehen wurde der VW-Fahrer leicht verletzt. Den entstandenen Sachschaden schätzen die eingesetz-ten Beamten auf etwa 35.000 Euro. Während der Unfallaufnahme blieb die Fahrbahn in Richtung Nimwegen für eine Stunde gesperrt. Das größte Stauausmaß betrug circa 2.000 Meter.

Quelle: Pressebericht vom 08.05.2014, Polizei Düsseldorf

Für das Beantworten der Fragen hast du **2 Minuten** Zeit.

1. Der Unfall ereignete sich auf der A 57 in Richtung Nimwegen.
a) richtig   b) falsch

2. Alle Personen, die in den Unfall verwickelt waren, blieben unverletzt.
a) richtig   b) falsch

3. Ein 26-jähriger Mann war in Richtung Nimwegen unterwegs.
a) richtig   b) falsch

4. Ein silberner Mercedes kollidierte mit einem roten Mazda und einem VW.
a) richtig   b) falsch

5. Im roten Mazda befanden sich vier weitere Insassen.
a) richtig   b) falsch

6. Ein 43-jähriger Mann erlitt leichte Verletzungen.
a) richtig   b) falsch

7. Der Unfall ereignete sich am Mittwoch, den 07.05.2014.
a) richtig   b) falsch

8. Der Sachschaden wird auf etwa 32.000 Euro geschätzt.
a) richtig   b) falsch

Lösungen Pressebericht

Zu 1.: a) Richtig. Der Unfall ereignete sich auf der A 57 in Richtung Nimwegen.

Zu 2.: b) Falsch. Sechs von sieben Menschen blieben unverletzt, ein 45-jähriger Mann erlitt leichte Verletzungen.

Zu 3.: b) Falsch. Es handelt sich um eine 26-jährige Frau, die in Richtung Nimwegen unterwegs war.

Zu 4.: b) Falsch. Ein grauer Mercedes kollidierte mit einem roten Mazda und einem VW.

Zu 5.: a) Richtig. Im roten Mazda des Niederländers befanden sich vier weitere Insassen.

Zu 6.: b) Falsch. Der Mann, der leichte Verletzungen erlitt, war 45 Jahre alt.

Zu 7.: a) Richtig. Der Unfall ereignete sich am Mittwoch, den 07.05.2014 um 21:50 Uhr.

Zu 8.: b) Falsch. Der geschätzte Sachschaden belief sich auf etwa 35.000 Euro.

Textinhalte einprägen

Für das Einprägen des Tatortberichts hast du **5 Minuten** Zeit.

Am Donnerstag, den 08.05.2014, ging um 15:45 Uhr ein Anruf von Herrn Kruse in der Einsatzzentrale von Zossen ein, der ein Einbruchdiebstahl in seinem Einfamilienhaus in der Berliner Straße in Mittenwalde meldete. Die eingesetzten Polizeibeamten Bartels und Leitow bekamen den Auftrag. nach 15749 Mittenwalde zu fahren, um dort den Einbruch mit Diebstahl in einem Einfamilienhaus, aufzunehmen. Bei Eintreffen am Tatort befand sich Herr Kruse vor Ort und machte folgende Angaben. Am 08.05.2014 gegen 07:00 Uhr verließ Herr Kruse das ordnungsgemäß verschlossene Einfamilienhaus. Als Herr Kruse gegen 15:30 von der Arbeit kam, seine Hauseingangstür öffnete und den Eingangsbereich betrat, fiel ihm zunächst nichts Außergewöhnliches auf. Erst als Herr Kruse die Küche betrat, bemerkte er, dass das Küchenfenster weit offenstand und offensichtlich aufgebrochen wurde. Nach einem weiteren Rundgang durch das Haus bestätigte sich der Verdacht von Herr Kruse, dass bei ihm eingebrochen wurde. Herr Kruse und seine Ehefrau vermissen Bargeld und Schmuck, das aus einem Safe im Arbeitszimmer entwendet wurde. Des Weiteren wurden der Fernseher und eine chinesische Vase aus dem Wohnzimmer gestohlen. Aus dem Kinderzimmer des Sohnes Robert wurde ein Tablet-PC entwendet. Die Tochter Luise vermisst zudem eine Perlenkette und ein PC-Monitor. Nach der ersten Tatortbegehung der Polizeibeamten fanden sie im ganzen Haus offene Schubladen und durchwühlte Schränke vor, zudem waren in der Küche deutliche Schuhabdrücke zu finden. Am Küchenfenster, durch das der/die Einbrecher das Haus betreten haben, waren massive Hebelspuren zu erkennen. Anhand der geschilderten Angaben stellt sich der Tathergang vorläufig wie folgt dar:
Die oder der Täter verschafften sich durch das Küchenfenster gewaltsam Zugang ins Hausinnere. Dabei durchwühlten sie sämtliche Wohnräume und suchten gezielt nach Bargeld, Schmuck und Wertgegenständen. Mit dem entwendeten Diebesgut verließen die/der Täter wieder das Haus durch das aufgebrochene Küchenfenster.

Nähere Angaben zu den Tätern konnte nicht gemacht werden, die polizeilichen Ermittlung laufen weiter. Nach weiteren Zeugen wird gesucht.

Der Tatortbericht ist frei erfunden.

Für das schriftliche Beantworten der Fragen hast du **10 Minuten** Zeit. Schreibe die Antworten auf ein extra Blatt Papier.

1. Wann wurde der Einbruch der Polizei gemeldet?

2. Was wurde aus dem Wohnzimmer gestohlen?

3. Wie sind die/der Täter in das Haus eingedrungen?

4. Wann ist Herr Kruse zu Hause eingetroffen?

5. Wie heißt die Tochter von Herrn Kruse?

6. Was wurde aus dem Kinderzimmer des Sohnes gestohlen?

7. Welche Spuren konnten von den Polizeibeamten festgestellt werden?

8. Wie heißen die beiden Polizeibeamten, die am Tatort ermitteln?

Musterantworten Tatortbericht

Zu 1.: Der Einbruch wurde am Donnerstag, den 08.05.2014 um 15:45 Uhr von Herrn Kruse gemeldet.

Zu 2.: Aus dem Wohnzimmer wurden der Fernseher und eine chinesische Vase gestohlen.

Zu 3.: Die oder der Täter sind allem Anschein nach durch das aufgehebelte Küchenfenster eingedrungen.

Zu 4.: Herr Kruse betrat gegen 15:30 Uhr sein Haus, als er von der Arbeit gekommen war.

Zu 5.: Die Tochter von Herr Kruse heißt mit Vornamen Luise.

Zu 6.: Aus dem Kinderzimmer des Sohnes Robert wurde ein Tablet-PC entwendet.

Zu 7.: Die Polizeibeamten stellten am Küchenfenster massive Hebelspuren fest, zudem gab es eindeutige Schuhabdrücke in der Küche.

Zu 8.: Die beiden Polizeibeamten Bartels und Leitow bekamen den Auftrag, nach 15749 Mittenwalde zu fahren.

Gesetzestext anwenden

Bitte lies dir den Gesetzesauszug über das „Halten und Führen von Hunden " genau durch und versuche, die Kernaussagen zu verstehen. Hierfür hast du **5 Minuten** Zeit. Anschließend werden dir einige inhaltliche Fragen dazu gestellt.

---

§ 1 Halten und Führen von Hunden

(1) Ein eingefriedetes Besitztum, auf dem ein Hund gehalten wird, muss gegen ein unbeabsichtigtes Entweichen des Hundes angemessen gesichert sein.

(2) Außerhalb eines eingefriedeten Besitztums müssen Hunde ein Halsband mit Namen und Anschrift des Halters tragen.

(3) Hunde dürfen außerhalb eines eingefriedeten Besitztums nicht unbeaufsichtigt sein. Wer einen Hund außerhalb eines eingefriedeten Besitztums führt, muss die Gewähr dafür bieten, dass Menschen, Tiere oder Sachen durch den Hund nicht gefährdet werden.

(4) Hunde dürfen nur Personen überlassen werden, die die Gewähr dafür bieten, dass die Vorschriften dieses Gesetzes eingehalten werden.

(5) Hunde sind mit einem Chip gemäß ISO-Norm fälschungssicher zu kennzeichnen. Der zuständigen Behörde ist auf deren Verlangen die Chipnummer mitzuteilen oder der Hund zum Auslesen des Chips vorzuführen. Dabei sind die Hundehalter und Hunde führenden Personen verpflichtet, das Auslesen der Chipnummer zu dulden und zu unterstützen. Die zuständige Behörde speichert die Chipnummer, insbesondere in Verbindung mit personenbezogenen Daten des Hundehalters und weiteren Daten des Hundes, nur im Einzelfall. Für die Erhebung, Speicherung, Nutzung und Übermittlung dieser Daten durch die zuständige Behörde gelten die Regelungen des § 11.

(6) Für Hunde ist eine Haftpflichtversicherung zur Deckung der durch den Hund verursachten Personen- und Sachschäden über eine Mindestdeckungssumme von einer Million Euro je Versicherungsfall abzuschließen. Die Gesamtleistungspflicht des Versicherers für alle Versicherungsfälle eines Versicherungsjahres kann auf das Doppelte der Mindestdeckungssumme begrenzt werden.

---

§ 1 Abs. 5 neu gef. mWv 1. 7. 2005 durch G v. 23. 6. 2005 (GVBl. S. 338).
Verkündungsstand: 05.02.2014 in Kraft ab: 01.07.2005

Beantworte nun die folgenden Fragen zu den Rechtsvorschriften.

Zeit: **3 Minuten**

1. Was muss bei einer Ausführung eines Hundes durch den Besitzer gewährleistet sein?
a) das stetige Mitführen von Hundekotbeuteln
b) dass der Hund auf die Kommandos seines Besitzers hört
c) dass Menschen, Tiere oder Sachen nicht gefährdet werden
d) dass der Hund nicht davonläuft und ohne Leine durch die Stadt streunt

2. Was müssen Hunde außerhalb eines abgesicherten Besitztums tragen?
a) Ein Halsband reicht völlig aus.
b) Halsband mit Namen und Anschrift des Hundes
c) Halsband mit Namen und Versicherungsnummer des Halters
d) Halsband mit Namen und Anschrift des Halters

3. Wie werden die Hunde fälschungssicher gekennzeichnet?
a) mit einer Hundemarke gemäß des Landeshundegesetzes (LHundG)
b) mit einem Chip gemäß der OSI-Norm
c) mit einem Chip gemäß der ISO-Norm
d) Hunde müssen nicht gekennzeichnet werden.

4. Welche Daten sind auf dem Chip gespeichert?
a) Daten des Hundehalters
b) Daten des Halters und Hundes
c) die Chipnummer
d) Daten des Hundes

5. In welcher Art und Summe müssen Hunde versichert sein?
a) Haftpflichtversicherung mit einer maximalen Deckungssumme von 1 Million Euro.
b) Haftpflichtversicherung über eine Mindestdeckungssumme von 1 Million Euro
c) Tierhalterpflichtversicherung mit einer Mindestdeckungssumme von 10.000 Euro
d) Eine Haftpflichtversicherung des Halters reicht aus.

Lösungen

Zu 1.: c) dass Menschen, Tiere oder Sachen nicht gefährdet werden
Laut § 1 Punkt 3 heißt es: „Wer einen Hund außerhalb eines eingefriedeten Besitztums führt, muss die Gewähr dafür bieten, dass Menschen, Tiere oder Sachen durch den Hund nicht gefährdet werden."

Zu 2.: d) Halsband mit Namen und Anschrift des Halters
In Punkt 2 ist geregelt, was ein Hund außerhalb eines Besitztums tragen muss: „Außerhalb eines eingefriedeten Besitztums müssen Hunde ein Halsband mit Namen und Anschrift des Halters tragen."

Zu 3.: c) mit einem Chip gemäß der ISO-Norm
In Punkt 5 heißt es: „Hunde sind mit einem Chip gemäß ISO-Norm fälschungssicher zu kennzeichnen." Alle anderen Antworten sind unsinnig und kommen nicht in Frage.

Zu 4.: c) die Chipnummer
In Punkt 5 steht zwar, dass die Chipnummer in Verbindung mit personenbezogenen Daten des Hundehalters und weitere Daten des Hundes gespeichert werden können, aber nicht, dass sich diese Daten auf den Chip befinden. Somit kommt nur Antwort c) in Frage.

Zu 5.: b) Haftpflichtversicherung über eine Mindestdeckungssumme von 1 Million Euro
Punkt 6 regelt dies klar: „Für Hunde ist eine Haftpflichtversicherung zur Deckung der durch den Hund verursachten Personen- und Sachschäden über eine Mindestdeckungssumme von einer Million Euro je Versicherungsfall abzuschließen."

Postkorbübung

Bei der Postkorbübung musst du innerhalb kürzester Zeit, meist innerhalb von 20 bis 50 Minuten, bestimmte Dokumente nach Wichtigkeit und Dringlichkeit sortieren und im Anschluss bestimmte Maßnahmen ableiten. Hierbei achten die Prüfer besonders auf deine Stressresistenz, dein Arbeitstempo, eine fehlerfreie Arbeitsweise und die Entschlussfähigkeit.

Und so kann deine Postkorbübung aussehen:

Heute ist der 5. August 2017 und es ist genau 9:30 Uhr. Du bist Vertretungskraft für Herrn Joachim Faber, dem Projektmanager in einem IT-Unternehmen, welches Buchführungssoftware anbietet. Dein Kollege befindet sich bereits seit zwei Wochen im Urlaub und fällt weiterhin für eine ungewisse Zeit krankheitsbedingt aus. Du hast dir vorgenommen, sein E-Mail-Postfach aufzuräumen, in welchem sich bereits 30 ungelesene Nachrichten befinden. Für die Bearbeitung hast du dir folgende Gedanken gemacht:

Alle Fehlermeldungen, PC-Probleme und Softwarefehler leitest du direkt an den Entwickler Herr Söhrensen weiter

Ist eine Fehlermeldung, ein gemeldetes PC-Problem oder die Meldung über einen Softwarefehler älter als fünf Tage oder aber das Problem ist besonders dringend, rufst du den Absender stattdessen direkt an und bittest um einen Aufschub.

Handelt es sich um eine neue Anforderung an die Software, nimmst du den Vorschlag auf und antwortest dem Absender per E-Mail. Genauso verfährst du bei sonstigen Kundennachrichten.

Alle privaten E-Mails werden von dir ignoriert, genauso wie Spam-Mails oder E-Mails von Frau Katrin Lehmann.

Bei allen finanziellen Angelegenheiten (Mahnungen, Rechnungen, Rabatte, Angebote, Kostenvoranschläge) oder bei Kritik an der Organisation, leitest du die E-Mail an Frau Schmidt aus der Buchhaltung und Organisation weiter.

Bitte gebe nach jeder E-Mail an, wie du vorgehen würdest.

Deine Vorgehensweise:

a) Weiterleitung an Herr Söhrensen
b) Anruf
c) auf E-Mail antworten
d) ignorieren
e) Weiterleitung an Frau Schmidt

Für die folgende Aufgabe hast du **20 Minuten** Zeit.

E-Mail Nr. 1:
Datum: 29. Juli 2017, 9:00:24
Von: Monika Albrecht
Text:
Sehr geehrte Damen und Herren,

heute Morgen startete ich den PC und ich konnte die gestern gespeicherten Rechnungen nicht mehr aufrufen. Weder vom Desktop-PC aus, noch von meinem Smartphone. Was soll ich nun machen?

Freundliche Grüße
Monika Albrecht

E-Mail Nr. 2:
Datum: 31. Juli 2017, 17:12:43
Von: Marlene Huber
Text:
Sehr geehrte Damen und Herren,

Ich glaube, bei Ihnen läuft etwas gewaltig schief. Ich kann weder telefonisch noch per E-Mail irgendjemanden erreichen. Ich versuche es schon seit über einer Woche und unsere Buchhaltung kann nicht weiterarbeiten. Das wird finanzielle Konsequenzen für Sie haben.

Mit freundlichen Grüßen
Marlene Huber

E-Mail Nr. 3:
Datum: 24. Juli 2017, 9:19:01
Von: Katrin Lehmann
Text:
Sehr geehrter Herr Faber,

wie schon die letzten Tage habe ich auch heute wieder das Problem, dass der Bildschirm während der Arbeit immer wieder ausgeht. Es wird auf einmal alles schwarz und ich kann nicht weiterarbeiten. Dann ziehe ich den Stecker, warte eine Minute und mache danach alles wieder an. Nach 30 Minuten wieder das gleiche Problem. Bitte helfen Sie mir.

Mit freundlichen Grüßen

E-Mail Nr. 4:
Datum: 16. Juni 2017, 14:32:29
Von: Maja Scholz
Text:
Sehr geehrte Damen und Herren,

Ich habe letzte Woche Ihre Software gekauft, merke aber nun, dass mir das Kundenstammdaten-Modul fehlt. Wie kann ich es aktivieren? Muss ich dafür das Debitorenprogramm zusätzlich ordern oder lässt sich das mit wenigen Klicks beheben?

Mit freundlichen Grüßen
Maja Scholz

E-Mail Nr. 5:
Datum: 06. Juli 2017, 23:06:24
Von: Wladimir Sukin
Text:
Sehr geehrte Damen und Herren,

Ich weiß, Rechnungen können vergessen werden. Deshalb möchte ich Sie erneut an die Zahlung unserer Rechnung vom 23.05.2017 erinnern.

Mit freundlichen Grüßen
Wladimir Sukin

E-Mail Nr. 6:
Datum: 4. August 2017, 16:15:45
Von: Lotterie Nord-West
Text:
Sehr geehrte Damen und Herren,

Wir gratulieren Ihnen zu Ihrem Gewinn. Sie nahmen erfolgreich an unserer Glückslotterie teil und gewinnen 500.000 Euro. Damit wir Ihnen die Summe überweisen können, klicken Sie bitte hier: *LINK* und geben Sie Ihre Bankverbindung sowie Ihre TAN-Nummer ein. Schon wenige Augenblicke später führen wir den Transfer aus.

Mit freundlichen Grüßen
Ihre Lotterie Nord-West

E-Mail Nr. 7:
Datum: 28. Juli 2017, 11:10:18
Von: Katrin Lehmann
Text:
Sehr geehrter Herr Faber,

da ich noch immer keine Antwort auf meine E-Mail vom 24. Juli von Ihnen erhalten habe, sehe ich mich gezwungen, das Programm zu kündigen. Ich bitte Sie, mir die überwiesenen 28,90 Euro für die letzten drei Monate zurückzuerstatten.

Mit freundlichen Grüßen
i.V. Katrin Lehmann

E-Mail Nr. 8:
Datum: 30. Juli 2017, 19:45:42
Von: Hans Beck
Text:
Hallo Herr Faber,

Ich weiß nicht, ob ich bei Ihnen richtig bin, aber ich fange einfach mal an: Ich habe einen kleinen Handwerksbetrieb und möchte mich in naher Zukunft zur Ruhe setzen, deshalb wird der Betrieb aufgelöst. Mein Sohn möchte nun alle Kundenstammdaten, Lieferanten und Projekte in sein

Unternehmen mit einer anderen Software überführen. Dazu müssen die Daten in einer „XML-Datei" vorliegen, so seine Aussage. Kann man das mit Ihrer Soft-ware so lösen?

Besten Dank im Voraus.
Mit freundlichen Grüßen
Hans Beck

E-Mail Nr. 9:
Datum: 15. Juli 2017, 14:35:58
Von: Firma Seibert
Text:
Sehr geehrte Damen und Herren,

Wir hatten bei Ihnen das gesamte FiBi-Paket gebucht, doch leider kann unsere IT die Software noch immer nicht installieren. Es kommt während des Installationsvorgangs zu einem unerwarteten Fehler, sodass dieser nicht abgeschlossen werden kann. Wir bitten um einen schnellen Rat von einem Fachmann.

Mit freundlichen Grüßen
i.A. Amelie Neumann
Firma Seibert

E-Mail Nr. 10:
Datum: 2. Aug. 2017, 12:13:41
Von: Mattis Krieger
Text:
Sehr geehrte Damen und Herren,

sehe ich das richtig, dass ich für den Rechnungsdruck das Dokument erst speichern muss, danach wieder schließen und erst dann öffnen und in ein PDF-Dokument umwandeln muss? Versuche ich die Rechnung aktuell direkt in das PDF-Format umzuwandeln, erhalte ich nur ein leeres Blatt. Es kann doch nicht so kompliziert sein, oder?

Mit freundlichen Grüßen
Mattis Krieger

E-Mail Nr. 11:
Datum: 03. August 2017, 17:24:15
Von: Jochen Kaiser
Text:
Sehr geehrte Damen und Herren,

nach anfänglicher Skepsis habe ich mich nun doch für Ihr Produkt entschieden und war die ersten Tage auch zufrieden. Nun überwiegt aber wieder die Skepsis, da ich beim Erstellen von Angebot 2 die Meldung erhalte: „Unknown Error". Ich weiß nicht, wie ich das Angebot abschließen soll, und mein Kunde wartet darauf. Im Anhang sende ich Ihnen einen Screenshot.

Mit freundlichen Grüßen
Kaiser

E-Mail Nr. 12:
Datum: 02. August 2017, 6:15:48
Von: Melanie Lange
Text:
Sehr geehrte Damen und Herren,

Ich sitze vor einem kleinen Problem und komme nicht weiter. Meine Kostenvoranschläge werden immer auf zwei Seiten gedruckt, obwohl ich nur eine Position habe. Bei den Rechnungen klappt es mit dem Druck auf eine Seite. Mache ich was falsch?

Mit freundlichen Grüßen
Melanie Lange

E-Mail Nr. 13:
Datum: 9. Juli 2017, 16:00:19
Von:
Text:
Hallo Joachim,

Ich bin's, die Mama von Josephie. Ich wollte fragen, ob Emelie nächste Woche Dienstag uns mal besuchen kommen mag. Josephie würde sich sehr darüber freuen. Gerne kann ich die beiden nach dem Kindergarten zusammen abholen.

Liebe Grüße
Monika

E-Mail Nr. 14:
Datum: 31. Juli 2017, 5:15:45
Von: Annabell Sauer
Text:
Sehr geehrter Herr Faber,

das mit dem Neustart hatte nicht funktioniert. Obwohl ich schon alles Mögliche ausprobiert habe, wird mir das PDF für die Rechnung nicht ausgegeben. Stattdessen erhalte ich ein Dokument mit lauter Sonderzeichen. Bitte helfen Sie mir. Ich bin schon echt verzweifelt.

Grüße
Annabell Sauer

E-Mail Nr. 15:
Datum: 1. August 2017 18:08:47
Von: Patrick Seilbach
Text:
Hi Joachim,

Ich hoffe, dir, deiner Frau und den Kindern geht es gut. Leider kann ich nächste Woche nicht mit zum geplanten Segeltörn, da in meiner Familie alle krankheitsbedingt ziemlich angeschlagen sind. Aber an der Kostenpauschale in Höhe von 300 Euro bleibe ich selbstverständlich weiter beteiligt.

Viele Grüße
Patrick

E-Mail Nr. 16:
Datum: 4. August 2017 13:11:18
Von: Shirin Arlan
Text:
Sehr geehrte Damen und Herren,

Wir haben die Software gekauft und uns fehlen noch folgende Funktionen:
Wir müssen unsere Rechnungen direkt mit dem Paypal-Konto verbinden, sodass eine Zuordnung zu den Zahlungen möglich ist.
Wir müssen alle Kontenbewegungen als CSV-Datei an die Steuerkanzlei weiterleiten. Wie können wir das bewerkstelligen?

Bitte melden Sie sich schnell.

Mit freundlichen Grüßen
Shirin Arlan

E-Mail Nr. 17:
Datum: 2. August 2017, 16:28:37
Von: Katrin Lehmann
Text:
Sehr geehrter Herr Faber,

Ich bin's mal wieder! :-) Das Problem mit meinem Bildschirm hat sich anscheinend von selbst gelöst. Mein Neffe kam letztens zu mir und meinte, dass ich wohl beim Putzen das Netzkabel des Monitors erwischt habe und dieses wohl etwas lose war. Das Kabel steckt nun wie es soll und alles funktioniert prima. Ich bleibe Ihnen somit auch weiterhin treu.

Mit freundlichen Grüßen
Katrin Lehmann

E-Mail Nr. 18:
Datum: 29. Juli 2017, 14:47:46
Von:
Text:
Sehr geehrte Damen und Herren,

wie besprochen sende Ich Ihnen unser Angebot für die beiden .NET-Entwickler zur Behebung der Fehler Nr. 2–5.

Mit freundlichen Grüßen

E-Mail Nr. 19:
Datum: 28. Juli 2017, 7:28:51
Von: Apotheker um die Ecke
Text:
Sehr geehrte Damen und Herren,

plagen auch Sie andauernd Potenzprobleme? Damit ist jetzt Schluss! Mit unseren neuen Produkten zur Bekämpfung von Erektionsstörungen haben Sie ein Problem weniger. Für schlappe 29,99 Euro erhalten Sie eine Packungseinheit zum Kennenlernpreis.

Mit freundlichen Grüßen
Ihr Apotheker

E-Mail Nr. 20:
Datum: 31. Juli 2017, 19:03:47
Von: Lennard Fuchs
Text:
Hallo Joachim,

der Kunde „Kanalbau Nord" hat unsere Rechnung mit der Nr. 938271 noch immer nicht beglichen, obwohl wir bereits zweimal angemahnt haben. Kannst du direkt mal nachhaken, woran das liegt?

Grüße
Lennard

Lösungen: Postkorbübung

Hinweis: Bei einigen E-Mails sind mehrere Lösungen möglich. Wichtig ist nur, dass du den eigenen Lösungsansatz stichhaltig begründen kannst.

a

e

d

c

e

d

d

c

b

a

b

a

d

b

d

c

d

e

d

e

Sprache

Beinahe jeder Einstellungstest beinhaltet Aufgaben zum Wort- und Sprachverständnis. Ein guter Wortschatz, Sprachgefühl und Sprachfantasie sind hier gefragt. Wortbedeutungen müssen sinngemäß erfasst werden.

Deutsche Grammatik

1. Wie viele Silben hat das folgende Wort: Rinderwahnsinn?
a) 3
b) 4
c) 5
d) 6

2. Wie wird das folgende Wort richtig getrennt: Interessantes?
a) In|ter|es|sa|ntes
b) Inte|ress|an|tes
c) In|ter|es|san|tes
d) In|te|res|san|tes

3. Wie wird das folgende Wort richtig getrennt: Zeiterfassung?
a) Zeit|er|fas|sung
b) Zeit|er|fass|ung
c) Zei|ter|fas|sung
d) Zei|ter|fass|ung

4. Welche Schreibweise ist richtig?
a) Strafverfolgung
b) Strafverfolgnug
c) Straafverfolgung
d) Strafverfolguung

5. Wie wird das Wort richtig geschrieben?
a) Schiffahrt
b) Schiffffahrt
c) Schifffahrtt
d) Schifffahrt

6. Wie wird das Wort richtig geschrieben?
a) Bundesgrenzsschutz
b) Bundesgrenzschutz
c) Bundegrenzschutz
d) Bundesgrenzschuts

7. Indikativ Präsens: kennen; ich ...?
a) kennen
b) kannte
c) kann
d) kenne

8. Wie wird das folgende Wort richtig getrennt: Auseinandersetzung?
a) Aus|ei|nan|der|set|zung
b) Aus|ein|an|de|rset|zung
c) Au|sei|nan|der|set|zung
d) Aus|ei|nan|der|setz|ung

9. Bei welchem Wort handelt
es sich um ein Adjektiv?
a) herzlich
b) Baum
c) ich
d) wie

10. Bei welchem Wort handelt
es sich um ein Adjektiv?
a) Dorf
b) schön
c) welche
d) schwimmen

11. Bei welchem Wort handelt
es sich um ein Adjektiv?
a) Sommer
b) niemals
c) steuern
d) cool

12. Bei welchem Wort handelt
es sich um ein Verb?
a) herzlich
b) Baum
c) wie
d) laufen

13. Bei welchem Wort handelt
es sich um ein Adverb?
a) gestern
b) Montag
c) wie
d) bemerkenswert

14. Bei welchem Wort handelt
es sich um ein Objekt in fol-
gendem Satz: „Johanna und
Susi spielen mit ihrem Hund."
a) Johanna
b) Susi

c) spielen
d) Hund
e) ihrem

15. Bei welchem Wort handelt
es sich um ein Prädikat in dem
folgenden Satz: „Johanna geht
gerne in den Stadtpark."
a) Johanna
b) geht
c) gerne
d) in den
e) Stadtpark

16. Bei welchem Wort handelt
es sich um ein Subjekt in fol-
gendem Satz: „Robert
schwimmt oft im See."
a) Robert
b) schwimmt
c) oft
d) im
e) See

17. Bei welchem Wort handelt
es sich um eine Präposition?
a) wir
b) du
c) es
d) in
e) sein

18. Bei welchem Wort handelt
es sich um eine Konjunktion?
a) herzlich
b) und
c) ich
d) sein
e) so

19. Bei welchem Wort handelt es sich um ein Verb?
a) hundert
b) Stiftung
c) süß
d) sehen

20. Bei welchem Wort handelt es sich um ein Verb?
a) rollen
b) Rolle
c) rollig
d) Rollator

Lösungen: Deutsche Grammatik

1. b)	8. a)	15. b)
2. d)	9. a)	16. a)
3. a)	10.b)	17. d)
4. a)	11. d)	18. b)
5. d)	12. d)	19. d)
6. b)	13. a)	20. a)
7. d)	14. d)	

Deutscher Lückentext

In den Lückentext-Übungen müssen die leeren Positionen um Pronomen, Verben, Adjektive, Subjekte, Artikel, Appositionen oder die korrekte Kasus- oder Pluralmarkierung ergänzt werden.

1. Der Kunde nimmt _____ Produkt entgegen, um es später auszuprobieren.
a) das
b) die
c) der
d) des

2. Auf dem Weg zur Arbeit wurde ___ Angestellten bewusst, dass er seine Brieftasche zuhause vergessen hatte.
a) des
b) den
c) dem
d) die

3. Es ist wichtig, sich einen ___blick zu verschaffen.
a) An
b) Aus
c) Um
d) Über

4. Meine Großeltern haben ____ Nachbarin, die täglich Unkraut jätet.
a) eine
b) ein
c) einen
d) einer

5. Wir leben in einer Straße, ___ ___ nicht viel los ist.
a) in das
b) in der
c) in dem
d) in die

6. Auf der Autobahn entdecke ich ein Fahrzeug, _____ zu schnell fährt.
a) welcher
b) welchen
c) welches
d) welchem

7. Der NSA-Untersuchungsausschuss soll Ausmaß und Hintergründe der Ausspähungen durch _____ Geheimdienste in Deutschland aufklären.
a) Ausland
b) ausländische
c) fremd
d) fremde

8. Unter einem Verbrechen wird gemeinhin ein schwerwiegender Verstoß gegen die Rechtsordnung ___ Gesellschaft oder die Grundregeln menschlichen Zusammenlebens verstanden.
a) seiner

b) keiner

c) einer

d) ihrer

9. Unter Kapital im volkswirt-schaftlichen Sinne kann man alle bei der Erzeugung betei-ligte Produktionsmittel _____.

a) lernen

b) verstehen

c) sehen

d) behandeln

10. Südostengland mit der Hauptstadt London, der klima-tisch meist-begünstigte Teil Großbritanniens, unterschei-det sich in ____ Hinsicht von den anderen Teilen der Insel.

a) vielerlei

b) weiter

c) großer

d) mehrerer

11. Neben der Bushaltestelle steht ___ _____ Junge und wartet auf den Bus.

a) ein kleiner

b) eine kleine

c) ein kleines

d) einer kleiner

12. Dass die Betreuung für äl-tere Menschen zu viel kostet, ist eine ____stellung.

a) Über

b) Unter

c) Auf

d) Ab

13. Die Aussage, ___ die An-zahl der Gewaltdelikte jedes Jahr steigt, muss überprüft werden.

a) welche

b) daß

c) das

d) dass

14. Dass ___ der Höhepunkt ist, hat niemand bezweifelt.

a) dass

b) das

c) welches

d) daß

15. Das Werk des angesehenen italienischen _____ wurde mit dem Literaturnobel-preis ausgezeichnet.

a) Schriftstellern

b) Schriftsteller

c) Schriftstellers

d) Schriftstelle

16. Der Fund des _____ ist für die weiteren Ermittlungen von großer Bedeutung.

a) Fluchtfahrzeugs

b) Flucht Fahrzeugs

c) Fluchtfahrzeug

d) Flucht-Fahrzeug

17. Bevor man sich ein neues Auto zulegt, ist es ratsam, eine _____ zu machen.

a) Probe Fahrt

b) Probefahrt

c) probefahrt

d) probe Fahrt

18. Am Abend werden _____
die Ampeln ausgeschaltet.
a) überlicherweise
b) üblicherweise
c) üblichweise
d) üblicher Weise

19. Der Vorname meiner
_____ ist Anna.
a) Lehrer
b) Lehrers
c) Lehrern
d) Lehrerin

20. Wenn du jetzt _____, ist
alles vorbei.
a) gingst
b) gehen
c) geht
d) gehst

21. Das _____ von Alkohol ist
während der Dienstzeit nicht
erlaubt.
a) trinken
b) Getränk
c) Trinken
d) Getrinke

22. Wenn man etwas inves-
tiert, erwartet man, etwas
_____.
a) zurückzuerhalten
b) zurück zu erhalten
c) zurück erhalten
d) zurückerhalten

23. Ein Verbrechen ist ein Verstoß gegen die Rechtsordnung
_____ Staates.
a) ein

b) einer
c) eines
d) einem

24. Diese Frage sollten Sie mit
Ihrem ____ besprechen.
a) Ärzten
b) Arzt
c) Ärztin
d) Arztes

25. Das Dschungelbuch ist eine
Sammlung von Erzählungen
und Gedichten des britischen
___ Rudyard Kipling.
a) Autor
b) Autorin
c) Autoren
d) Autors

26. Häufig folgt auf einen
Putsch eine Militärdiktatur o-
der die Herrschaft eines autori-
tären ___.
a) regime
b) Regime
c) Regimes
d) regimes

27. Die Karrieremessen werden von Hochschulen, profes-
sionellen ___ und den Indust-
rie- und Handelskammern or-
ganisiert.
a) Dienstleister
b) Dienstleistern
c) Dienstleisters
d) Dienstleisterin

28. Non-Profit-Organisationen nehmen bestimmte ___ der Bedarfsdeckung, Förderung oder Interessenvertretung bzw. Beeinflussung für ihre Mitglieder oder Dritte wahr.
a) Zwecke
b) Zweck
c) Zwecks
d) Zwecken

29. Ziele von Frauenvereinen sind häufig soziale Anliegen im ___ oder Frauenthemen und Frauenfragen im Besonderen.
a) allgemein
b) Allgemein
c) Allgemeinen
d) allgemeinen

30. Die Kriegsküche war im Ersten Weltkrieg eine Suppenküche zur Versorgung weiter ___ der Zivilbevölkerung.
a) Kreis
b) Kreise
c) Kreisen
d) Kreises

Lösungen: Deutscher Lückentext

1. a)	11. a)	21. c)
2. c)	12. b)	22. a)
3. d)	13. d)	23. c)
4. a)	14. b)	24. b)
5. b)	15. c)	25. d)
6. c)	16. a)	26. c)
7. b)	17. b)	27. b)
8. c)	18. b)	28. a)
9. b)	19. d)	29. c)
10. a)	20. d)	30. b)

Zu 22.: a) Für die Getrennt- oder Zusammenschreibung bei Erweiterungen von Infinitiven mit „zu" gibt es eine einfache Regel: Wird das Verb in seiner Grundform bereits zusammengeschrieben, so wird auch die Erweiterung mit „zu" zusammengeschrieben. Wird die Verb-Verbindung allerdings auseinander geschrieben, wird auch die Erweiterung getrennt geschrieben.

Kommasetzung

Kommata treten im Deutschen in verschiedenen Satzkonstellationen auf. Hier sind einige Grundregeln, die du bei der Kommasetzung beachten solltest.

Regeln
1. Ein Komma kann bei Aufzählungen genutzt werden.

Beispiel: Ich bin eine fleißige, strebsame, ordentliche Schülerin. Oder: Ich bin eine fleißige, strebsame und ordentliche Schülerin. Hier wurde das Komma durch ein „und" ersetzt. Statt „und" könnte auch „oder" oder „sowie" das Komma ersetzen.

2. Ein Komma steht vor Konjunktionen wie aber, allerdings, jedoch, sondern etc.

Beispiel: Ihre Mutter ist eine liebevolle, aber strenge Frau. Nicht nur der Bus, sondern auch der Zug ist sehr pünktlich.

3. Wird das Subjekt in einem Satz genauer beschrieben, wird die nähere Beschreibung (Apposition) durch Kommas eingeschlossen.

Beispiel: Herr Schneider, der Nachbar, ist genervt von den Kindern.

4. Ein Komma trennt den Hauptsatz vom Nebensatz ab. Weil es schneit, dürfen die Kinder im Klassenraum bleiben.

Beispiel: Die Kinder dürfen im Klassenraum bleiben, weil es schneit. Der Mann, der jeden Sonntag joggen geht, ist krank.

Zeit: **10 Minuten**

1. In welchem Satz sind alle Kommas richtig gesetzt?
a) Der Kriminalstatistik 2014, die Schleswig-Holstein im März 2015 veröffentlichte, ist zu entnehmen, dass die Anzahl der Kriminalfälle um 1,2 Prozent auf 202.301 Delikte anstieg, nachdem in den vier Kalenderjahren zuvor eine rückläufige Kriminalität verzeichnet wurde.
b) Der Kriminalstatistik 2014 die Schleswig-Holstein im März 2015 veröffentlichte ist zu entnehmen, dass die Anzahl der Kriminalfälle um 1,2 Prozent auf 202.301 Delikte anstieg nachdem in den vier Kalenderjahren zuvor eine rückläufige Kriminalität verzeichnet wurde.

c) Der Kriminalstatistik 2014, die Schleswig-Holstein im März 2015 veröffentlichte, ist zu entnehmen dass die Anzahl der Kriminalfälle um 1,2 Prozent auf 202.301 Delikte anstieg, nachdem in den vier Kalenderjahren zuvor eine rückläufige Kriminalität verzeichnet wurde.

d) Der Kriminalstatistik 2014, die Schleswig-Holstein im März 2015 veröffentlichte, ist zu entnehmen, dass die Anzahl der Kriminalfälle um 1,2 Prozent, auf 202.301 Delikte anstieg, nachdem in den vier Kalenderjahren zuvor eine rückläufige Kriminalität verzeichnet wurde.

2. In welchem Satz sind alle Kommas richtig gesetzt?
a) „Da die Aufklärungsquote auf 51,2 Prozent angestiegen ist bleibt Schleswig-Holstein ein sicheres Bundesland" erklärte Stefan Studt der Landesinnenminister stolz, „zumal dies der beste Wert des letzten Jahrzehnts ist."
b) „Da die Aufklärungsquote auf 51,2 Prozent angestiegen ist, bleibt Schleswig-Holstein ein sicheres Bundesland", erklärte Stefan Studt, der Landesinnenminister stolz, „zumal dies der beste Wert des letzten Jahrzehnts ist."
c) „Da die Aufklärungsquote, auf 51,2 Prozent angestiegen ist, bleibt Schleswig-Holstein ein sicheres Bundesland", erklärte Stefan Studt, der Landesinnenminister stolz, „zumal dies der beste Wert, des letzten Jahrzehnts ist."
d) „Da die Aufklärungsquote auf 51,2 Prozent angestiegen ist, bleibt Schleswig-Holstein ein sicheres Bundesland", erklärte Stefan Studt, der Landesinnenminister stolz „zumal dies der beste Wert des letzten Jahrzehnts ist."

3. In welchem Satz sind alle Kommas richtig gesetzt?
a) Die Häufigkeitszahl die angibt, wie viele Straftaten auf 100.000 Einwohner entfallen erhöhte sich leicht auf 7.184.
b) Die Häufigkeitszahl die angibt, wie viele Straftaten auf 100.000 Einwohner entfallen, erhöhte sich leicht auf 7.184.
c) Die Häufigkeitszahl, die angibt, wie viele Straftaten, auf 100.000 Einwohner entfallen, erhöhte sich leicht auf 7.184.
d) Die Häufigkeitszahl, die angibt, wie viele Straftaten auf 100.000 Einwohner entfallen, erhöhte sich leicht auf 7.184.

4. In welchem Satz sind alle Kommas richtig gesetzt?

a) Der Kriminalitätsanstieg gegenüber 2013, verlautbarte der Innenminister, beruhe im Wesentlichen auf Verstößen gegen das Asylverfahrens-, das Aufenthalts- und das EU-Freizügigkeitsgesetz.

b) Der Kriminalitätsanstieg gegenüber 2013 verlautbarte der Innenminister, beruhe im Wesentlichen auf Verstößen gegen das Asylverfahrens-, das Aufenthalts- und das EU-Freizügigkeitsgesetz.

c) Der Kriminalitätsanstieg gegenüber 2013 verlautbarte der Innenminister beruhe im Wesentlichen auf Verstößen gegen das Asylverfahrens-, das Aufenthalts- und das EU-Freizügigkeitsgesetz.

d) Der Kriminalitätsanstieg, gegenüber 2013, verlautbarte der Innenminister, beruhe im Wesentlichen auf Verstößen, gegen das Asylverfahrens-, das Aufenthalts- und das EU-Freizügigkeitsgesetz.

5. In welchem Satz sind alle Kommas richtig gesetzt?

a) Während in 2014 noch 4.309 derartige Delikte verzeichnet wurden kam es 2015 zu einer Erhöhung um 3.463 Fälle auf 7.772 was einem Anstieg von 80,4 Prozent entspricht.

b) Während in 2014 noch 4.309 derartige Delikte verzeichnet wurden, kam es 2015 zu einer Erhöhung um 3.463 Fälle auf 7.772 was einem Anstieg von 80,4 Prozent entspricht.

c) Während in 2014 noch 4.309 derartige Delikte verzeichnet wurden, kam es 2015 zu einer Erhöhung, um 3.463 Fälle auf 7.772, was einem Anstieg von 80,4 Prozent entspricht.

d) Während in 2014 noch 4.309 derartige Delikte verzeichnet wurden, kam es 2015 zu einer Erhöhung um 3.463 Fälle auf 7.772, was einem Anstieg von 80,4 Prozent entspricht.

6. In welchem Satz sind alle Kommas richtig gesetzt?

a) Dies liege, so Studt, an einem vermehrten Zuzug, von Flüchtlingen, nicht nur aus weltweiten Kriegs-, sondern auch Armutsregionen.

b) Dies liege, so Studt, an einem vermehrten Zuzug von Flüchtlingen nicht nur aus weltweiten Kriegs-, sondern auch Armutsregionen.

c) Dies liege so Studt, an einem vermehrten Zuzug von Flüchtlingen nicht nur aus weltweiten Kriegs-, sondern auch Armutsregionen.

d) Dies liege so Studt an einem vermehrten Zuzug von Flüchtlingen nicht nur aus weltweiten Kriegs-, sondern auch Armutsregionen.

7. In welchem Satz sind alle Kommas richtig gesetzt?

a) Im Übrigen berichtete der Innenminister von rückläufigen Zahlen, musste aber eine Zunahme bei Raub und Brandstiftung einräumen.

b) Im Übrigen, berichtete der Innenminister von rückläufigen Zahlen, musste aber eine Zunahme bei Raub und Brandstiftung einräumen.

c) Im Übrigen berichtete der Innenminister von rückläufigen Zahlen musste aber eine Zunahme bei Raub und Brandstiftung einräumen.

d) Im Übrigen berichtete der Innenminister, von rückläufigen Zahlen, musste aber eine Zunahme bei Raub und Brandstiftung einräumen.

8. In welchem Satz sind alle Kommas richtig gesetzt?

a) Während die Gewaltkriminalität um ein Prozent zurückging verminderte sich die Zahl der Diebstähle um 0,3 Prozent der Sachbeschädigungen um 1,7 Prozent und der Vermögensdelikte um 2,9 Prozent wohingegen 78 vorsätzliche Brandstiftungen mithin 13,4 Prozent mehr als im Vorjahr registriert wurden.

b) Während die Gewaltkriminalität um ein Prozent zurückging, verminderte sich die Zahl der Diebstähle um 0,3 Prozent, der Sachbeschädigungen, um 1,7 Prozent und der Vermögensdelikte, um 2,9 Prozent, wohingegen 78 vorsätzliche Brandstiftungen, mithin 13,4 Prozent mehr als im Vorjahr registriert wurden.

c) Während die Gewaltkriminalität um ein Prozent zurückging, verminderte sich die Zahl der Diebstähle um 0,3 Prozent, der Sachbeschädigungen um 1,7 Prozent und der Vermögensdelikte um 2,9 Prozent, wohingegen 78 vorsätzliche Brandstiftungen, mithin 13,4 Prozent mehr als im Vorjahr registriert wurden.

d) Während die Gewaltkriminalität, um ein Prozent zurückging, verminderte sich die Zahl der Diebstähle um 0,3 Prozent, der Sachbeschädigungen um 1,7 Prozent und der Vermögensdelikte, um 2,9 Prozent, wohingegen 78 vorsätzliche Brandstiftungen, mithin 13,4 Prozent mehr als im Vorjahr registriert wurden.

9. In welchem Satz sind alle Kommas richtig gesetzt?

a) Stefan Studt betonte ferner dass die Jugendkriminalität auch gemessen am Anteil Tatverdächtiger unter 21 Jahren von 23,1 auf 22,7 Prozent gesunken sei.

b) Stefan Studt betonte ferner, dass die Jugendkriminalität auch gemessen am Anteil Tatverdächtiger unter 21 Jahren, von 23,1 auf 22,7 Prozent gesunken sei.

c) Stefan Studt betonte, ferner dass die Jugendkriminalität, auch gemessen am Anteil Tatverdächtiger unter 21 Jahren, von 23,1 auf 22,7 Prozent gesunken sei.

d) Stefan Studt betonte ferner, dass die Jugendkriminalität, auch gemessen am Anteil Tatverdächtiger unter 21 Jahren, von 23,1 auf 22,7 Prozent gesunken sei.

10. In welchem Satz sind alle Kommas richtig gesetzt?

a) Die diesbezüglichen Landeskonzepte, die insbesondere auf die Prävention von Kriminalität bei jugendlichen Intensivtätern zielten, trügen wohl, so scheine es jedenfalls, zu der positiven Entwicklung bei, meinte der Innenminister.

b) Die diesbezüglichen Landeskonzepte die insbesondere auf die Prävention von Kriminalität bei jugendlichen Intensivtätern zielten, trügen wohl, so scheine es jedenfalls, zu der positiven Entwicklung bei, meinte der Innenminister.

c) Die diesbezüglichen Landeskonzepte, die insbesondere auf die Prävention von Kriminalität bei jugendlichen Intensivtätern zielten trügen wohl so scheine es jedenfalls, zu der positiven Entwicklung bei, meinte der Innenminister.

d) Die diesbezüglichen Landeskonzepte, die insbesondere auf die Prävention von Kriminalität bei jugendlichen Intensivtätern zielten, trügen wohl so scheine es jedenfalls zu der positiven Entwicklung bei, meinte der Innenminister.

Lösungen: Deutsche Kommasetzung

1. a)	5. d)	9. d)
2. b)	6. b)	10. a)
3. d)	7. a)	
4. a)	8. c)	

Rechtschreibfehler

Die folgenden Wörter enthalten je einen oder mehrere Fehler. Schreibe die Wörter in der korrekten Schreibweise auf ein extra Blatt Papier.

Zeit: **5 Minuten**

1. Parrtere
2. representativ
3. häußlich
4. Vorwandt
5. pennibel
6. Chemiekalie
7. apropo
8. Kathastrophe
9. Kolektiv
10. symphatisch
11. Karrussell
12. spatzieren
13. Rabarber
14. skurill
15. Aparat
16. krakehlen
17. Billiard
18. Kuß
19. nähmlich
20. Kuveer
21. Tymian
22. wiederkeuen
23. Trielogie
24. übrigends
25. vorrausichtlich
26. Verwandschaft
27. paralell
28. Mozarrella
29. Kenntniss
30. Schlammassel
31. narzistisch
32. adequat
33. Bagattele
34. akredietieren
35. Kabarret
36. Gallionsfigur
37. Kreissaal
38. kollosal

Lösungen: Rechtschreibfehler

1. Parterre	14. skurril	27. parallel
2. repräsentativ	15. Apparat	28. Mozzarella
3. häuslich	16. krakeelen	29. Kenntnis
4. Vorwand	17. Billard	30. Schlamassel
5. penibel	18. Kuss	31. narzisstisch
6. Chemikalie	19. nämlich	32. adäquat
7. apropos	20. Kuvert	33. Bagatelle
8. Katastrophe	21. Thymian	34. akkreditieren
9. Kollektiv	22. wiederkäuen	35. Kabarett
10. sympathisch	23. Trilogie	36. Galionsfigur
11. Karussell	24. übrigens	37. Kreißsaal
12. spazieren	25. voraussichtlich	38. kolossal
13. Rhabarber	26. Verwandtschaft	

Infinitive bilden

Bilde von den folgenden 20 konjugierten Verben jeweils den Infinitiv Präsens (Grundform). Schreibe die korrekten Infinitive auf ein extra Blatt Papier.

Zeit: **3 Minuten**

1. sieht

2. trifft

3. lässt

4. darf

5. erklärt

6. brach

7. geschiehl

8. nimmst

9. mag

10. befiehlt

11. gabst

12. fingen

13. rieten

14. hielt

15. gerät

16. trat

17. stieß

18. flöge

19. grübe

20. vorgeworfen

Lösungen: Infinitive bilden

1. sehen	8. nehmen	15. geraten
2. treffen	9. mögen	16. treten
3. lassen	10. befehlen	17. stoßen
4. dürfen	11. geben	18. fliegen
5. erklären	12. fangen	19. graben
6. brechen	13. raten	20. vorwerfen
7. geschehen	14. halten	

Fremdwörter zuordnen

Das Beherrschen von Fremdwörtern ist vor allem im Vorstellungsgespräch sehr wichtig. Ist dir ein Fremdwort jedoch nicht geläufig, ist es sicherlich ratsam, nachzufragen, als durch eine falsche Deutung ein Missverständnis zu riskieren.

Markiere bei der folgenden Aufgabe die jeweils richtige Bedeutung des Fremdwortes.

Zeit: **5 Minuten**

1. sich echauffieren
a) zusammenarbeiten
b) erstaunt sein
c) arrogant sein
d) sich erregen

2. Dementi
a) Erstellung eines Gesetzes
b) Widerruf einer Behauptung
c) Rücktritt
d) Grenzberichtigung

3. Kasserolle
a) Schmorgefäß
b) einfacher Visierhelm
c) kleines Rhythmusinstrument
d) militärische Befestigungsanlage

4. diametral
a) teuflisch
b) völlig entgegengesetzt
c) zuckerkrank
d) schräg verlaufend

5. Altruismus
a) Eigenliebe
b) Möglichkeit

c) Stolz
d) Selbstlosigkeit

6. opportun
a) unterdrückend
b) prinzipienlos
c) passend, angebracht
d) nicht zweckmäßig

7. Dissens
a) Abschreckung
b) Ausbreitung einer Seuche
c) Meinungsverschiedenheit
d) Missklang

8. Ovation
a) Beifall
b) Eröffnung
c) ovale Form
d) Übertreibung

9. prekär
a) gekünstelt
b) vorhersehbar
c) vorzeitig
d) schwierig, misslich

10. Suggestion
a) Umsturz
b) Beeinflussung
c) Befragung
d) Leid

11. rigide
a) streng
b) lächerlich
c) schnell
d) zögernd

12. kolportieren
a) körperlich verfallen
b) zeugen
c) Gerüchte verbreiten
d) zusammenarbeiten

13. Eloquenz
a) Aufmerksamkeit
b) Lobrede
c) Entrüstung
d) Redegewandtheit

14. reüssieren
a) zusammenfassen
b) entscheiden
c) sich versammeln
d) Erfolg haben

15. prätentiös
a) vorherrschend
b) anmaßend
c) verlässlich
d) genau

16. Konzession
a) Zusammenfassung
b) Dichtigkeit
c) Zugeständnis
d) Glaubensgemeinschaft

17. Resolution
a) Widerruf
b) Beschluss
c) Auflösung
d) Wiederaufnahme

18. parieren
a) befehlen
b) verteilen
c) plaudern
d) ohne Widerspruch gehorchen

19. ambitioniert
a) zwiespältig
b) aufopfernd
c) ehrgeizig
d) förmlich

20. rekapitulieren
a) zusammenfassen, wiederholen
b) zurückfordern
c) nachbilden
d) aufgeben

Lösungen: Fremdwörter zuordnen

1. d)	8. a)	15. b)
2. b)	9. d)	16. c)
3. a)	10. b)	17. b)
4. b)	11. a)	18. d)
5. d)	12. c)	19. c)
6. c)	13. d)	20. a)
7. c)	14. d)	

Synonyme

Finde zu einem vorgegebenen Wort ein zweites aus einer Auswahl von vier vorgegebenen Wörtern, das die gleiche oder eine sehr ähnliche Bedeutung hat. Zeit: **5 Minuten**

1. bescheiden
a) natürlich
b) anspruchsvoll
c) genügsam
d) unaufhaltsam

2. gutmütig
a) furchtlos
b) lieb
c) realitätsfern
d) gehässig

3. verderben
a) verkommen
b) gedeihen
c) verbringen
d) verschwinden

4. langsam
a) rasant
b) unbedacht
c) gemächlich
d) tröpfelnd

5. fest
a) Feierlichkeit
b) hart
c) dick
d) flüssig

6. Vorurteil
a) Aufgeschlossenheit
b) richtend
c) verurteilend
d) Stereotyp

7. Mortalität
a) Sterblichkeit
b) Unwissenheit
c) Ausstattung
d) Muskelbewegungen

8. schlafen
a) liegen
b) träumen
c) schlummern
d) abwesend

9. schimpfen
a) verurteilen
b) verdonnern
c) loben
d) tadeln

10. Anweisung
a) Instruktion
b) Durchsage
c) Plan
d) Urteil

11. einsam
a) traurig
b) allein
c) selten
d) gemeinsam

12. initiieren
a) etwas nachahmen
b) etwas anstoßen
c) etwas anmachen
d) etwas verfolgen

13. Spur
a) Intuition
b) Trick
c) Fährte
d) Hinterhalt

14. taumeln
a) tanzen
b) hektisch sein
c) stolpern
d) schwanken

15. Tatsache
a) Fakt
b) Vermutung
c) Gegebenheit
d) Annahme

16. willkürlich
a) herrisch
b) absichtlich
c) beliebig
d) unerlaubt

17. zerstören
a) ruinieren
b) sabotieren
c) durchstreichen
d) aufbauen

18. Zurückhaltung
a) Anstand
b) Willenskraft
c) Bescheidenheit
d) Protest

19. Disput
a) Anordnung
b) Streit
c) Vorschlag
d) Gebet

20. beschaulich
a) vergessen
b) klein
c) freundlich
d) auffallend

21. Lärm
a) Aufregung
b) Durcheinander
c) Stille
d) Krach

22. fleißig
a) tüchtig
b) schnell
c) hartnäckig
d) träge

23. lethargisch
a) todkrank
b) angepasst
c) skandalös
d) träge

24. Attrappe
a) Angriff
b) Gutachten
c) Nachbildung
d) Vorbeugung

25. Effizienz
a) Zahlungsunfähigkeit
b) Redegewandtheit
c) Wirksamkeit
d) Ausdauer

26. dezidiert
a) bestimmt
b) zerkleinert
c) abstoßend
d) minimiert

27.düpieren
a) delegieren
b) täuschen
c) ablösen
d) einweisen

28. Aura
a) Familie
b) Blutbahn
c) Liebe
d) Ausstrahlung

29. Evakuierung
a) Schließung
b) Räumung
c) Umsiedlung
d) Ausreise

30. Dividende
a) Aktie
b) Wert
c) Gewinnanteil
d) Börsenkurs

Lösungen: Synonyme

1. c)	11. b)	21. d)
2. b)	12. b)	22. a)
3. a)	13. c)	23. d)
4. c)	14. d)	24. c)
5. b)	15. a)	25. c)
6. d)	16. c)	26. a)
7. a)	17. a)	27. b)
8. c)	18. c)	28. d)
9. d)	19. b)	29. b)
10. a)	20. b)	30. c)

Zu 5.: b) Hier ist die Groß- und Kleinschreibung zu beachten. Gesucht ist ein Synonym für das Adjektiv „fest".

Gegenteile

Finde zu einem vorgegebenen Begriff das entsprechende Gegenteil.

Zeit: **4 Minuten**

1. euphorisch
a) sauer
b) traurig
c) mürrisch
d) lustlos

2. oberflächlich
a) tiefgründig
b) ungenau
c) präzise
d) exakt

3. feige
a) waghalsig
b) mutig
c) unerschrocken
d) riskant

4. Lösung
a) Konflikt
b) Streit
c) Problem
d) Auseinandersetzung

5. leichtsinnig
a) besonnen
b) rücksichtsvoll
c) sorgfältig
d) bedacht

6. selten
a) regulär
b) typisch
c) alltäglich
d) häufig

7. fleißig
a) faul
b) träge
c) lustlos
d) demotiviert

8. Wahrheit
a) Illusion
b) Lüge
c) Ausrede
d) Betrug

9. Demut
a) Missmut
b) Ehre
c) Überheblichkeit
d) Stolz

10. radikal
a) ruhig
b) tolerant
c) moderat
d) gelassen

11. kaufen
a) schenken
b) feilschen
c) leihen
d) stehlen

12. nachlässig
a) gewissenhaft
b) genau
c) bedacht
d) folgsam

13. pragmatisch
a) kreativ
b) idealistisch
c) träumerisch
d) egoistisch

14. gierig
a) zurückhaltend
b) gelassen
c) bescheiden
d) schüchtern

15. Misstrauen
a) Zuversicht
b) Vertrauen
c) Glaube
d) Verständnis

16. Mitleid
a) Gleichgültigkeit
b) Verständnis
c) Verachtung
d) Bedeutungslosigkeit

17. ungenügend
a) maßgeblich
b) erwartungsvoll
c) ausreichend
d) zufriedenstellend

18. ernst
a) glücklich
b) erfreut
c) unseriös
d) vergnügt

19. Gegner
a) Freund
b) Gefährte
c) Gleichgesinnter
d) Befürworter

20. Mangel
a) Wohlstand
b) Überschuss
c) ausreichend
d) Sicherheit

Lösungen: Gegenteile

1. d)	8. b)	15. b)
2. a)	9. c)	16. a)
3. b)	10. c)	17. c)
4. c)	11. d)	18. d)
5. a)	12. a)	19. d)
6. d)	13. b)	20. b)
7. a)	14. c)	

Sprichwörter ergänzen

Setze für die jeweiligen Sprichwörter das passende Wort ein.

Zeit: **10 Minuten**

1. Jedes Wort auf die
_____ legen.
a) Lappen
b) Bahre
c) Goldwaage
d) Münze

2. Morgenstund hat
_____ im Mund.
a) Silber
b) Gold
c) Brei
d) Kaffee

3. Seine _____ davon-
schwimmen sehen.
a) Pantoffeln
b) Wäsche
c) Felle
d) Güter

4. Es ist Jacke wie _____
a) Hemd.
b) Schuhe.
c) Mantel.
d) Hose.

5. Die Kuh vom _____ holen.
a) Eis
b) Feld
c) Gras
d) Berg

6. Der Fisch stinkt vom __ her.
a) Prinzip
b) Bauch
c) Schwanz
d) Kopf

7. Alles über einen _____
scheren.
a) Rechen
b) Schädel
c) Kamm
d) Kopf

8. Auch ein blindes Huhn findet mal ein _____.
a) Ei.
b) Küken.
c) Wurm.
d) Korn.

9. Der _____ macht die
Musik.
a) Geiger
b) Ton
c) Chor
d) Sänger

10. Lieber den _____
in der Hand als die Taube auf
dem Dach.
a) Spatz
b) Sperling
c) Vogel
d) Ziegel

11. _____ kommt vor dem Fall.
a) Gleichmut
b) Neid
c) Hochmut
d) Arroganz

12. Steter _____ höhlt den Stein.
a) Erfolg
b) Strom
c) Tropfen
d) Widerstand

13. Die _____ im Sack kaufen.
a) Hühner
b) Katze
c) Äpfel
d) Lorbeeren

14. _____ macht auch Mist.
a) Kleinvieh
b) Gemüse
c) Stroh
d) Viehhaltung

15. Stille _____ sind tief.
a) Ozeane
b) Teiche
c) Bäche
d) Wasser

16. Etwas übers _____ brechen.
a) Knie
b) Kerbholz

c) Schienbein
d) Feuer

17. Für jemanden die Hand ins _____ legen.
a) Wasser
b) Trockene
c) Feuer
d) Öl

18. Vom Regen in die _____ kommen.
a) Dunkelheit
b) Traufe
c) Scheune
d) Flut

19. Wer im _____ sitzt, soll nicht mit Steinen werfen.
a) Gewächshaus
b) Trockenen
c) Regen
d) Glashaus

20. Sich mit fremden _____ schmücken.
a) Lorbeeren
b) Kleidern
c) Federn
d) Kränzen

21. Sein Licht unter den _____ stellen.
a) Schatten
b) Schirm
c) Scheffel
d) Baum

22. Sich auf den _____
getreten fühlen.
a) Fuß
b) Schlips
c) Schuh
d) Zeh

23. Die Nadel im _____
suchen.
a) Heuhaufen
b) Stroh
c) Gras
d) Gestrüpp

24. Die _____ im
Dorf lassen.
a) Familie
b) Bäckerei
c) Eiche
d) Kirche

25. Den Wald vor lauter
_____ nicht sehen.
a) Tannen
b) Wild
c) Bäumen
d) Leuten

26. Mit jemandem ist nicht gut
_____ essen.
a) Kuchen
b) Kirschen
c) Äpfel
d) Erdbeeren

27. Mit _____ auf
Spatzen schießen.
a) Schrot
b) Kanonen
c) Luftgewehren
d) Pistolen

Lösungen: Sprichwörter ergänzen

1. c)	10. a)	19. d)
2. b)	11. c)	20. c)
3. c)	12. c)	21. c)
4. d)	13. b)	22. b)
5. a)	14. a)	23. a)
6. d)	15. d)	24. d)
7. c)	16. a)	25. c)
8. d)	17. c)	26. b)
9. b)	18. b)	27. b)

Englisch-Vokabeln

Übersetze die Vokabeln sowohl ins Englische als auch ins Deutsche.

Zeit: **3 Minuten**

1. fear
a) fangen
b) fallen
c) Angst
d) Nähe

2. Tür
a) door
b) blank
c) gap
d) hole

3. patient
a) müde
b) geduldig
c) tolerant
d) beharrlich

4. impression
a) Täuschung
b) Anreiz
c) Eindruck
d) Ausdruck

5. Schuhe
a) boot
b) traipse
c) shoo
d) shoes

6. Fahrer
a) driver
b) priest
c) leader
d) handlebars

7. Fahrzeug
a) car
b) engine
c) device
d) vehicle

8. Mauer
a) blanket
b) block
c) well
d) wall

9. Werkzeug
a) steel
b) mean
c) tool
d) screwdriver

10. tomorrow
a) gerade
b) heute
c) gestern
d) morgen

11. Gefängnis
a) institute
b) prison
c) kitchen
d) detention

12. direction
a) Entwicklung
b) Ausweg
c) Richtung
d) Perspektive

13. turn off
a) rausziehen
b) ausschalten
c) beseitigen
d) stilllegen

14. knife
a) Schere
b) Gabel
c) Messer
d) schneiden

15. Boden
a) place
b) country
c) shore
d) ground

16. handcuffs
a) Handschellen
b) Handgeld
c) Handschuhe
d) Handgelenk

17. Zug
a) train
b) tug
c) draft
d) drag

18. böse
a) berserk
b) rabid
c) nasty
d) penance

19. to visit
a) warten
b) kommen
c) besuchen
d) beschaffen

20. Gift
a) poison
b) topic
c) means
d) evil

21. investigation
a) Investition
b) Maßnahme
c) Untersuchung
d) Unterlagen

22. luggage
a) Gepäck
b) Besitz
c) Sprache
d) Koffer

23. thief
a) Einbrecher
b) Räuber
c) Dieb
d) Ermittler

24. shut
a) Schuss
b) geschlossen
c) durchdacht
d) erschossen

25. fair
a) gerecht
b) hart
c) fahren
d) ehrlich

26. Brücke
a) bridge
b) floor
c) gangway
d) connection

27. assumption
a) Vermutung
b) Panik
c) Empfinden
d) Glaube

28. höflich
a) helpful
b) nice
c) pretty
d) polite

29. Strafe
a) sentence
b) crime
c) punishment
d) felony

30. drinnen
a) chamber
b) scope
c) inside
d) during

Lösungen: Englisch-Vokabeln

1. c)	11. b)	21. c)
2. a)	12. c)	22. a)
3. b)	13. b)	23. c)
4. c)	14. c)	24. b)
5. d)	15. d)	25. a)
6. a)	16. a)	26. a)
7. d)	17. a)	27. a)
8. d)	18. c)	28. d)
9. c)	19. c)	29. c)
10. d)	20. a)	30. c)

Englischer Lückentext

1. Jonas and his friend Marcus want to ___ on a three-day boys trip to Munich.
a) went
b) gone
c) go
d) going

2. Before leaving, they have to make plans on what to ___ in Munich.
a) doesn't
b) does
c) do
d) done

3. Marcus ___ that he really wants to visit the famous Marienplatz.
a) decides
b) decide
c) decided
d) have decided

4. Jonas ___ going to the 'Englischer Garten' because he really enjoys nature.
a) suggest
b) suggests
c) suggesting
d) has suggested

5. With the Oktoberfest in full swing, Jonas and Marcus ___ on whether to go there or not.
a) contemplate
b) are contemplating
c) contemplated
d) contemplating

6. Some of their friends have already been there and they really ___ it.
a) like
b) likes
c) liking
d) liked

7. However, Marcus and Jonas are not sure because they are both not so much into folk festivals. "Why don't we ___ whether we want to go to the Oktoberfest or not spontaneously?" asks Marcus.
a) decided
b) decide
c) decides
d) deciding

8. "Good idea!" - ___ Jonas. Now they are both ready to enjoy their trip to Munich!
a) say
b) said
c) saying
d) says

9. The Munich Oktoberfest originally _____ in the 16-day period leading up to the first Sunday in October.
a) take place
b) taken place
c) has taken place
d) took place

10. The Oktoberfest ____ as the largest Volksfest (people's fair) in the world.
a) know
b) has known
c) is known
d) is knowing

Lösungen: Englischer Lückentext

1. c)	5. b)	9. d)
2. c)	6. d)	10. c)
3. a)	7. b)	
4. b)	8. d)	

Englische Sätze verbinden

In den nachfolgenden Aufgaben sollen die Satzanfänge mit den logisch richtigen Satzenden verbunden werden.

1. Today, Amy went to the doctor's office because ...
a) it was very late and her favorite TV show was on.
b) her brother locked her into the kitchen.
c) she wasn't feeling very well and wanted to get some medicine.
d) Leo took out the trash.

2. James bought a new car ....
a) at his local grocery store.
b) at the farm.
c) at his friend's car dealership.
d) at the zoo.

3. Yesterday, Lydia went to the cinema ...
a) to watch a movie with her friend Leanne.
b) to buy a dress for prom.
c) because she really needed a massage.
d) to take a cooking class.

4. Maria and Jordan are getting married ...
a) in outer space.
b) at a beautiful chapel in the New England countryside.
c) in the kitchen.
d) at the supermarket.

5. At the presidential election in November ...
a) Mickey Mouse is going to be president.
b) Mariah Carey lost 5 kg.
c) I want to have a donut.
d) he would have to draw many non-aligned voters.

6. The policemen ...
a) is going to explode.
b) are talking to the suspects.
c) painting their nails with pink nail polish.
d) has to stop.

7. Janice wants to become a police officer ...
a) because she likes helping people.
b) when she was a baby.
c) at her neighbor's house.
d) because it is Saturday.

8. Marc works as a mechanic ...
a) in order to feed all the animals.
b) because he likes to swim.
c) because he has loved working on cars ever since he was a little boy.
d) just to eat ice cream.

9. The local soup kitchen ...
a) provides free food for the homeless.
b) has to wash the car.
c) wants to eat a sandwich.
d) can leave early today.

10. Tomorrow, Sina has a dance performance ...
a) because she is tired.
b) while she is sleeping.
c) on the moon.
d) and she is very nervous because her friends will watch her.

11. Nina and Jack are playing hide and seek ...
a) to clean out the basement.
b) but they can't seem to find each other.
c) in class.
d) because Nina is ill.

12. In the town hall ...
a) couples can get married.
b) you can buy groceries.
c) it is raining.
d) dad is hiking.

13. The kettle is whistling ...
a) for donuts.
b) in the ground.
c) because Jason fell and hit his knee.
d) because the water is boiling.

14. Mia doesn't like mathematics ...
a) because she is tall.
b) in order to sit down.
c) because most of the time she doesn't understand the exercises.
d) after going to the doctor's office.

15. Jamie loves cooking Italian ...
a) to the cinema.
b) because he loves Pizza and Pasta.
c) in the shower.
d) while driving to work.

16. Michael works as a lawyer ...
a) at the local court.
b) for rainy days.
c) because he likes swimming.
d) after work.

17. Gingerbread cookies ...
a) are a popular treat in the summer.
b) speak Chinese.
c) are a popular treat around Christmas.
d) can dance hip-hop.

18. Lisa is eighteen years old, ...
a) after work.
b) forever.
c) a lot since she was little.
d) which makes her an adult.

19. At midnight ...
a) the clock strikes 10.
b) the clock strikes 12.
c) the clock strikes 9.
d) the clock strikes 15.

Lösungen: Englische Sätze verbinden

1. c)	8. c)	15. b)
2. c)	9. a)	16. a)
3. a)	10. d)	17. c)
4. b)	11. b)	18. d)
5. d)	12. a)	19. b)
6. b)	13. d)	
7. a)	14. c)	

Online-Trainings und Support

Plakos Online-Bewerber-Training

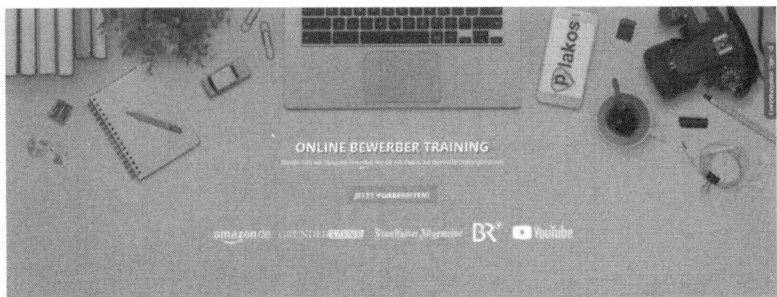

Wie bereits im ersten Kapitel kurz angedeutet, bieten wir für besonders motivierte Bewerber ein spezielles Online-Bewerber-Training auf www.plakos-akademie.de an.

Im Online-Bewerber-Training kannst du über 50 verschiedene Testtypen und über 1.000 Fragen und Aufgaben online direkt in deinem Browser üben. Das Programm funktioniert auf jedem internetfähigen Endgerät – also auch auf deinem Smartphone!

✅ Lösungswege und ausführliche Erklärungen zu jeder Aufgabe

✅ strukturierter Ablauf und Anzeige von Lernfortschritten

✅ verfügbar auf Smartphone, Tablet, Laptop und Computer

✅ dein Vorteil gegenüber anderen Bewerbern

✅ bessere Chancen im Einstellungstest

Im Mitgliederbereich stehen dir über zwei Stunden an Videomaterial speziell zu den Themen Vorstellungsgespräch und Assessment Center zur Verfügung.

Kundenzufriedenheit steht bei uns an oberster Stelle und die sehr guten Bewertungen geben uns Recht - probiere auch du es aus!

Profitiere außerdem von Erfahrungsberichten echter Bewerber in Form von Texten, Videos und Podcasts im Mitgliederbereich der Plakos Akademie.

 Bewerber berichten aus erster Hand von ihren Erfahrungen im Einstellungstest.

 Austausch im exklusiven Community-Forum im Mitgliederbereich

 Zugriff auf die geschlossene Plakos-Facebook-Gruppe

 wichtige Tipps und Hinweise für dein Auswahlverfahren

Tausende Bewerber trainieren jährlich mit unseren Online-Trainings, um anschließend mit mehr Selbstbewusstsein und Wissen in ihr Auswahlverfahren zu gehen. Nachfolgend findest du einige Kundenstimmen zu unseren Programmen und Videos.

Ich fand diesen Test durchaus interessanter und vielseitiger als viele andere Tests.

Annika

Insgesamt lässt sich sagen, dass ihr euch wirklich gut darauf vorbereiten solltet. Kauft euch ein Plakos-Buch oder Online-Trainer zum Üben für den Einstellungstest.

Nic

Als erfolgreicher Bewerber kann ich die Testtrainer und Bücher von Plakos zu 100% empfehlen!

Rene

Da du bereits dieses Buch erworben hast, möchten wir dir an dieser Stelle einen **Gutschein für unsere Online-Programme in Höhe von 17 Euro** schenken.

Die folgende Kurzanleitung beschreibt dir, wie du den Gutschein einlösen kannst:

1. Öffne den Browser auf deinem Smartphone, Tablet oder deinem Desktopcomputer.
2. Gib die folgende URL in die Adresszeile ein:
   www.plakos-akademie.de
3. Wähle ein zu dir passendes Online-Trainingsprogramm.
4. Gib am Ende des Bestellprozesses den folgenden Gutscheincode ein:

ZollBuchRabatt17

Bitte beachte, dass der Gutscheincode erst ab einem Bestellwert von 30 Euro genutzt werden kann. Alle weiteren Informationen findest du auf der genannten Website.

Du erhältst außerdem **kostenlosen Zugriff** auf die Vollversion der Plakos-Testtrainer-App und alle in der App enthaltenen Berufsgruppen. Du findest die Testtrainer-App im Wert von 9,90 Euro auf der Webseite www.plakos-akademie.de/produkt/app. Verwende bitte, nachdem du die Testtrainer-App dem Warenkorb hinzugefügt hast, den folgenden Gutscheincode: **appgutschein**

Bei Fragen kannst du gerne eine E-Mail an phil@plakos.de senden oder uns über WhatsApp unter +49 (0)172 622 63 96 kontaktieren.

Support

Wenn du bis hierhin alle Aufgaben durchgearbeitet hast und deine eigenen Fehler kritisch hinterfragt hast, dann bist du auf dem besten Weg, deinen Einstellungstest erfolgreich zu bestehen. Jetzt geht es nur noch darum, Ruhe zu bewahren und fokussiert zu bleiben.

Falls du Fragen oder Anregungen zu diesem Buch hast, kannst du uns gerne eine E-Mail an phil@plakos.de schreiben oder uns über WhatsApp unter +49 (0)172 622 63 96 kontaktieren.

Wenn du mit unserem Buch zufrieden bist, würden wir uns sehr über eine Weiterempfehlung oder eine positive Bewertung freuen. Das würde uns wirklich viel bedeuten.

Wenn du negatives Feedback für uns hast, dann schreib uns am besten eine E-Mail und wir werden alles dafür tun, eine Lösung für das Problem zu finden.

Wir wünschen dir nur das Beste für deinen Test und drücken dir ganz fest die Daumen!

Herzliche Grüße
Philipp Silbernagel und Waldemar Erdmann

Bonus: Informative Online-Inhalte und Communities

Hunderte kostenlose Online-Tests
www.plakos.de

Online-Trainings und weitere Informationen
www.plakos-akademie.de

Öffentlicher Dienst

oeffentlicher-dienst.plakos.de

Zoll

www.zoll-einstellungstest.de

Facebook-Gruppe
Polizei- und Zoll-Einstellungstest

www.facebook.com/groups/polizeieinstellungstest

45728176R00139

Printed in Poland
by Amazon Fulfillment
Poland Sp. z o.o., Wrocław